―― 好家长·读什么·怎么读 ――

史上最接地气的
幼儿书单

哈爸 编著

101本有趣、有意义、孩子真正爱读的经典绘本

图书在版编目（CIP）数据

史上最接地气的幼儿书单/哈爸编著.
—北京：中国青年出版社，2014.12
ISBN 978-7-5153-2918-5

Ⅰ.①史… Ⅱ.①哈… Ⅲ.①儿童文学—图画故事推荐书目—世界
Ⅳ.① I106.8 ② Z835

中国版本图书馆 CIP 数据核字（2014）第 266495 号

史上最接地气的幼儿书单

编　　者：哈　爸
策划编辑：李玲香
责任编辑：周　红
美术编辑：夏　蕊
出　　版：中国青年出版社
发　　行：北京中青文文化传媒有限公司
电　　话：010-65518035/65516873
公司网址：www.cyb.com.cn
购书网址：zqwts.tmall.com　www.diyijie.com
印　　刷：三河市文通印刷包装有限公司
版　　次：2015年3月第1版
印　　次：2017年10月第5次印刷
开　　本：787×1092　1/16
字　　数：120千字
印　　张：14
书　　号：ISBN 978-7-5153-2918-5
定　　价：39.80元

版权声明

未经出版人事先书面许可，对本出版物的任何部分不得以任何方式或途径复制或传播，包括但不限于复印、录制、录音，或通过任何数据库、在线信息、数字化产品或可检索的系统。

中青版图书，版权所有，盗版必究

谨以此书

献给我的妻子

以及我们的妻子

前言

我不是儿童阅读专家，更不是儿童文学作家，本没什么资历编写这份书单。只是因为我做了一个微信公众号"经典绘本"，关注了这个公众号的朋友（称为"哈友"）觉得我做得用心，就时常问我"什么年龄的孩子读什么书""什么问题的孩子读什么书"之类的问题。

刚开始时，我还有精力一个一个问答，后来问的人多，就实在回答不过来了。我就寻思整理一份书单出来，哈友若再问，我就直接把书单给他们。虽然我做了一年多的"经典绘本"，但我深知自己的能力有限，于是就请十多万哈友一起来推荐。

我在公众号上发布了《〈史上最接地气的书单〉诚邀您来推荐》的征集函。在征集函里我提到："您推荐的好书要同时符合以下两个标准：1. 孩子喜欢的书；2. 家长觉得对孩子有益处的"。简单说，就是要有趣有益，或者说寓教于乐。

其实，我更看重"有趣"，也就是必须是孩子喜欢的书。因为有趣的绘本童书能够让爸爸妈妈和孩子培养亲密的亲子关系，这就足够了。所以，有时候我愿意把绘本童书当玩具，一般的玩具可不像书这样能培养亲子关系。

征集函发出之后，参与者甚多，每天都有上千条回复。整理这些回复成了大难题。这时又是哈友出手相助，有哈友提议成立一个编辑小组。我们就这样做了，建了QQ群，大家分工协作，累并快乐着。十多万字的书单很快就整理出来了。

编辑小组成员包括但不限于：武汉宋丽丽、上海董素彤、山东果果妈、北京小花猫、深圳朱晓玲、山东燚燚妈、淮北牧孩妈、杭州秋妈、北京陈静、上海王妈、宜昌祎妈、九江艳子、长沙涵妈、山东明朗等。

在此我要特别感谢鼓励我的佟心如画、微家微苑，以及参与推荐绘本尤其是编辑的哈友们，没有你们的付出和爱心，这本书是不可能出版的。

当我把书单整理出来的消息发布以后，不少出版社都有意出版。虽然我觉得这份书单对哈友们有用，在网上流传也会不错，但难登大雅之堂，所以对出版这份书单并不太在意。不过，中国青年出版社积极的反复沟通也让我倍受鼓舞，最后达成了一致合作意向。谢谢出版社编辑的努力。

值得特别说明的是，我非常有意把哈友们整理的书单交给出版社直接出版，但又担忧作者太多，会牵涉版权问题。所以我就自己来编写这一份书单，重要的参考依据就是哈友整理的书单，以及我平时推荐的且哈友们反映不错的绘本。

需要承认的是，有些书我自己都没有读过，但我选择相信哈友，正如他们一直很信任我一样。但这本书若有什么错误，那都是我的责任。他日如果有机会再版，希望自己可以更加成熟，能够完善此书。

这份书单如果对爸爸妈妈们有一点点参考价值，看了这个书单，能给孩子买书、借书，和孩子一起读书，有更好的亲子关系甚至夫妻关系，就是我的荣幸了。

最后，感谢上帝赐给我妻子和孩子。小小哈给我的生命增添了无数的欢乐，正是因为他，我才做了微信公众号"经典绘本"。对我的妻子哼妈，还有什么好说的呢？！"才德的妇人谁能得着呢？她的价值远胜过珍珠。"（圣经·箴言31章10节）

哈爸

2014年11月

Content 目 录

第一篇
013

寓教于乐

梅子涵：绘本童书不仅可以阅读，也可以玩。可以玩的绘本让孩子感知爱、温暖和乐趣，收获点滴体验和知识，培养良好的阅读习惯。

1. 《宝宝的第一本躲猫猫游戏书：猜猜我是谁》0~2 岁 ———— 014
   让孩子看到美好，也看到自己

2. 《蹦》0~2 岁 ———— 016
   跟着一起蹦得高高的

3. 《噼里啪啦系列》0~3 岁 ———— 018
   热闹声中开启一天的生活

4. 《棕色的熊、棕色的熊，你在看什么？》0~3 岁 ———— 020
   在动物与色彩中发现乐趣

5. 《韩国家庭亲子教育第一方案》0~3 岁 ———— 022
   用游戏的方式让孩子爱上吃胡萝卜

6. 《视觉、嗅觉、触觉全脑训练：世界上最神奇的香味书》1~3 岁 ———— 024
   在玩中认识香味

7. 《好饿的毛毛虫》1~4 岁 ———— 026
   怎么可以错过卡尔爷爷呢

8. 《月亮的味道》1~4 岁 ———— 028
   摘月亮喂妈妈

9. 《一寸虫》2~5 岁 ———— 030
   一寸一寸地量爸爸的手和脸

10. 《聪明豆绘本系列》（第一辑）2~7 岁 ———— 032
    站着、躺着、靠着、倒立着都好玩的图画书

11. 《猜猜我有多爱你》2~7 岁 ———— 034
    跟孩子好好说爱是一件幸福的事

12. 《打瞌睡的房子》2~7 岁 ———— 036
    都是跳蚤惹的祸

13. 《小熊维尼儿童安全第一宝典》3~6 岁 ———— 038
    游戏中培养孩子的安全意识

007

目录 Content

14. 《I SPY 视觉大发现》（第一辑） 3~7 岁 ······ 040
    孩子爱不释手的视觉益智游戏书

15. 《欧美经典儿歌〈唱歌啦！〉》 WEE SING（第一辑）0~12 岁 ······ 042
    培养孩子的英文耳朵

第二篇 045 满满的都是亲子的爱

你爱孩子，让孩子感受到你的爱，也爱你。
宝宝不想入睡，不会独立穿衣、吃饭，安全意识缺乏……看看这些绘本，这些宝宝普遍存在的问题，爸爸妈妈是不是就迎刃而解了呢？

16. 《乐悠悠图画书》0~2 岁 ······ 046
    小小哈翻了好几遍的国内绘本

17. 《儿童音乐之旅：世界上最美的儿童歌曲绘本》0~3 岁 ······ 048
    用绘本胎教是件美妙的事情

18. 《中国童谣》0~3 岁 ······ 050
    有童谣滋润的童年

19. 《大卫，不可以》1~3 岁 ······ 052
    宝贝，我爱你

20. 《抱抱》1~3 岁 ······ 054
    爱我你就抱抱我

21. 《逃家小兔》1~3 岁 ······ 056
    给孩子更自由的爱

22. 《不睡觉世界冠军》1~4 岁 ······ 058
    该怎么让精力旺盛的孩子乖乖入睡

23. 《小熊和最好的爸爸》1~4 岁 ······ 060
    爸爸的故事爸爸讲

24. 《好啦，好啦》2~4 岁 ······ 062
    当孩子说"好啦好啦"，心都醉了

25. 《爷爷一定有办法》2~5 岁 ······ 064
    一份来自祖辈的爱

26. 《憋不住，憋不住，快要憋不住了！》2~5 岁 ······ 066
    怎么解决孩子的尿尿问题

27. 《阿立会穿裤子了》2~5 岁 ······ 068
    学会独立穿衣可是一件了不起的事

28. 《我爸爸》2~6 岁 ······ 070
    我爸爸真的很棒

29. 《奥莉薇》2~7 岁 ······ 072
    你爱把你累晕的小家伙吗

30. 《小熊布迪亲子阅读绘本系列》2~7 岁 ······ 074
    成为"总有好办法"的专业父母

31. 《贝贝熊系列丛书》2~10 岁 ······ 076
    怎么解决生活和学习上遇到的每个问题

32. 《学会爱自己》3~7 岁 ······ 078
    保护自己的重要一课

33. 《妈妈的红沙发》3~7 岁 ······ 080
    我与妈妈共同的梦想

目录 Content

34.《迟到大王》3~7 岁 ……………… 082
　　你要站在孩子这一边

35.《要是你给小老鼠吃饼干》
　　3~7 岁 ……………………………… 084
　　那只精力旺盛的小老鼠活脱脱
　　就是亲爱的宝贝啊

36.《吃掉黑暗的怪兽》3~7 岁 ……… 086
　　让孩子不怕黑，快乐入睡

37.《菲菲生气了》3~7 岁 …………… 088
　　再也不用担心孩子发飙了

38.《歪歪兔逆商教育系列图画书》
　　3~7 岁 ……………………………… 090
　　做内心强大的自己

39.《巴巴爸爸》3~7 岁 ……………… 092
　　你想有一个会变来变去的爸爸吗

40.《查理与劳拉》3~9 岁 …………… 094
　　给自己一个生二胎的理由

41.《獾的礼物》4~99 岁 ……………… 096
　　你能给世界留下什么礼物呢

42.《活了 100 万次的猫》4~99 岁 …… 098
　　爱过，才算活过

第三篇
101

健康快乐是宝宝最重要的

培养良好的生活习惯、态度和性格，建立优秀的品格，管理好情绪，让孩子用心体察大自然和社会，爱上自己和周围的环境……在绘本阅读的潜移默化中提高孩子的情商。

43.《米菲绘本》（第一辑）0~3 岁 … 102
　　一只来自荷兰快乐生活的兔子

44.《小熊宝宝绘本》0~3 岁 ………… 104
　　你是那个乖乖小熊宝宝吗

45.《大象小不点》1~4 岁 …………… 106
　　快乐地做自己

46.《好脏的哈利》1~4 岁 …………… 108
　　爱上洗澡的小脏狗

47.《花格子大象艾玛》2~5 岁 ……… 110
　　在快乐的情景中体验人生

48.《不一样的卡梅拉》2~6 岁 ……… 112
　　一本让宝宝咯咯笑个不停的书

49.《我爱幼儿园》2~6 岁 …………… 114
　　让孩子爱上幼儿园

50.《让路给小鸭子》2~6 岁 ………… 116
　　一本最仁慈的书

51.《小兔汤姆系列》（第一辑）
　　2~6 岁 ……………………………… 118
　　跟着汤姆经历烦恼和快乐

52.《三只小猪》2~7 岁 ……………… 120
　　有一些传统，就是用来打破的

53.《你看起来好像很好吃》2~7 岁 … 122
　　有一种爱，在故事里，也在故事外

009

目录 Content

54. 《野兽出没的地方》2~7 岁 ········ 124
孩子内心的有些角落需要留给自己

55. 《图书馆狮子》2~7 岁 ············ 126
一只爱听故事的狮子

56. 《14 只老鼠》2~7 岁 ············· 128
体悟美丽的大自然和和谐的大家庭

57. 《可爱的鼠小弟》2~7 岁 ········· 130
不同年龄的孩子读出不同的乐趣

58. 《我永远爱你》2~7 岁 ··········· 132
那样爱过小狗狗

59. 《小蓝和小黄》2~7 岁 ··········· 134
小朋友的友谊

60. 《青蛙和蟾蜍》2~10 岁 ·········· 136
温馨的友谊感染了孩子

61. 《小兔波力品格养成系列》3~6 岁 ··· 138
潜移默化的情商教育

62. 《托马斯和朋友幼儿情绪管理
互动读本》3~7 岁 ············· 140
抓住培养高情商孩子的最佳时机

63. 《蚯蚓的日记》3~7 岁 ··········· 142
从最简单的语言里品味出东西

64. 《小猪波波飞》3~7 岁 ··········· 144
你也有换牙的时候吧

65. 《培养孩子好性格的 80 个经典维尼故事》
3~7 岁 ······················ 146
和孩子同处一个时代的小熊维尼

66. 《东方儿童性教育绘本》3~7 岁 ···· 148
让孩子珍惜身体，敬重生命

67. 《疯狂星期二》3~7 岁 ··········· 150
天上有时有猪飞

68. 《第一次上街买东西》3~7 岁 ····· 152
就这样成长

69. 《三个强盗》3~7 岁 ············· 154
强硬外表下的那份善良

70. 《母鸡萝丝去散步》3~7 岁 ······· 156
世界如此美好，看我闲庭信步

71. 《警官巴克尔和警犬葛芮雅》
3~7 岁 ······················ 158
居然背诵起了安全法则

72. 《鸭子骑车记》3~7 岁 ··········· 160
鸭子骑车，各位当心

73. 《100 万只猫》3~7 岁 ··········· 162
内敛的小猫最漂亮

74. 《青蛙弗洛格的成长故事》
3~10 岁 ····················· 164
孩子与青蛙弗洛格的共鸣

75. 《点》3~12 岁 ················· 166
一"点"激发无限可能

76. 《糟糕，身上长条纹了！》
3~99 岁 ····················· 168
太在乎别人的评价，就会迷失自己

77. 《犟龟》4~99 岁 ··············· 170
只要上路，就能遇见庆典

78. 《大脚丫跳芭蕾》4~99 岁 ········ 172
做自己喜欢的事

Content / 目录

79.《你很特别》4~99岁 ········ 174
每个人都是独一无二的

80.《花婆婆》4~99岁 ········ 176
做一件让世界变得更美丽的事

81.《田鼠阿佛》4~99岁 ········ 178
让世界慢下来

82.《爱心树》4~99岁 ········ 180
施比受更有福

83.《失落的一角》4~99岁 ········ 182
做回最初的自己

84.《我不是完美小孩》5~99岁 ········ 184
孩子不完美，父母也不完美

第四篇 187 聪明智慧地编织世界

学习并运用科学、语言、心理等知识，去体察并感悟世界的原理。

85.《你认识这些车吗》1~4岁 ········ 188
小车迷有福了

86.《可爱的身体》1~4岁 ········ 190
让孩子学做"健康小卫士"

87.《鳄鱼怕怕，牙医怕怕》1~4岁 ········ 192
相同的语言表达不同的心理状况

88.《斯凯瑞金色童书》（第一辑）
1~4岁 ········ 194
五彩斑斓的世界让孩子大开眼界

89.《德国精选科学图画书》2~5岁 ········ 196
童心和科学结合得真好

90.《时钟的书》2~6岁 ········ 198
就这样轻松教会孩子看时钟

91.《第一次发现丛书》2~6岁 ········ 200
给孩子发现神奇的世界一个窗口

92.《是谁嗯嗯在我的头上》2~6岁 ········ 202
这么好玩的书

93.《阶梯数学》2~6岁 ········ 204
从生活中学数学

94.《神奇校车·图画书版》3~7岁 ········ 206
热闹而好玩的"十万个为什么"

95.《海底的秘密》3~7岁 ········ 208
于无字之处看时间和空间

96.《我会保护眼睛》3~7岁 ········ 210
一本关注眼睛的最科学、最有趣的书

97.《小小牛顿幼儿馆》（第一辑）3~7岁 ········ 212
我是小小牛顿

98.《妈妈，买绿豆》3~7岁 ········ 214
不只是科普绿豆知识

99.《七只瞎老鼠》4~10岁 ········ 216
常识、艺术和哲理都有了

100.《都是放屁惹的祸》4~10岁 ········ 218
带着孩子低碳生活吧

101.《小黑鱼》4~10岁 ········ 220
领略奇幻的海底世界

011

第一篇

寓教于乐

...

梅子涵：绘本童书不仅可以阅读，也可以玩。

可以玩的绘本让孩子感知爱、温暖和乐趣，收获点滴体验和知识，培养良好的阅读习惯。

《宝宝的第一本躲猫猫游戏书：猜猜我是谁》

让孩子看到美好，也看到自己

作　　者：[美]兰登 著
译　　者：张芳
出 版 社：未来出版社
出版时间：2012 年 8 月 1 日
定　　价：20.00 元
参考年龄：0～2 岁

· 连续 10 年占据亚马逊幼儿图书畅销榜第一名 ·

∨ 内容简介 Introduction

第一张是奶牛，第二张是精灵，第三张是动物园，第四张是火车，最后一张是自己（一张镜面纸），每张前都有一张图，由躲猫猫小洞来引导猜猜看是谁，就这几张而已，却能引来宝宝极大的兴趣和许多的欢笑。就是这么奇妙！

√ 哈爸推荐 Recommendation

在我写这本书的时候，好几个晚上小小哈的亲子阅读都是以这本书收尾。翻看时，他最期待的就是翻到最后一页，然后会兴奋地指着镜子说："宝宝！妈妈！"然后整个小脸贴上去。

这个绘本有一个可爱的心理轨迹：猜了一头奶牛，一个精灵，一个动物园，一列火车，突然，哇，竟然会有宝宝呀！

小小哈还有一本《猜猜动物园》，翻到最后一页，他就会给镜子里的自己喂镜子边的各种果蔬，乐此不疲。

好的绘本就是这样吧，让孩子看到美好，也看到自己。

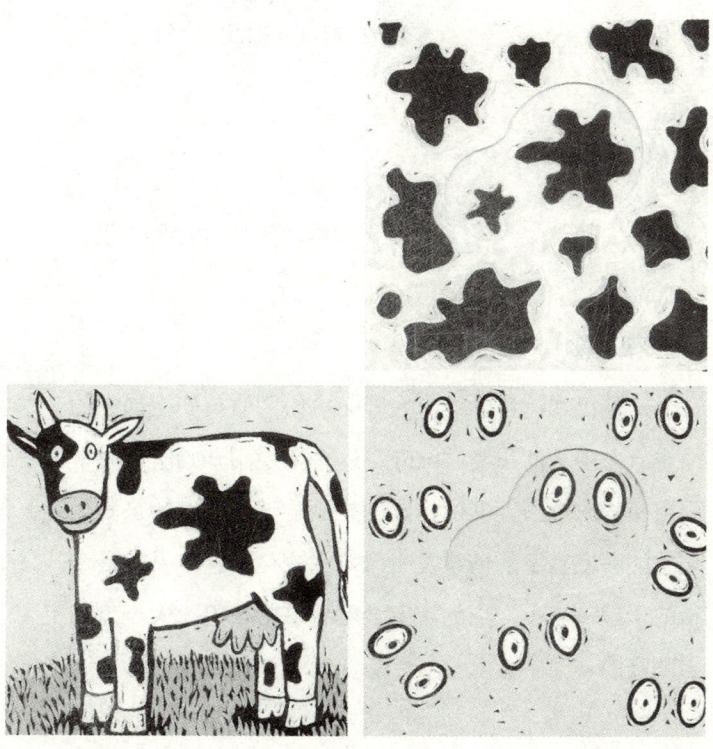

《蹦》

跟着一起蹦得高高的

作　　者：[美]松冈达英　文/图
译　　者：蒲蒲兰
出 版 社：二十一世纪出版社
出版时间：2008 年 10 月 1 日
定　　价：18.00 元
参考年龄：0~2 岁

·入选中国幼儿基础阅读书目·

✓ 内容简介 Introduction

　　这是日本的科学绘本大师——松冈达英先生创作的一本生动、有趣的低幼绘本。书中不断重复"beng"这个宝宝刚开始学话时常常发的音，非常能够吸引宝宝的注意力。书中稳定的构图能够给宝宝带来安全感，稳定中穿插的小变化也能够使宝宝的情绪发生微妙的变化。这本书的最奇妙之处在于从阅读中获得的乐趣——小一点的宝宝会看着书咯咯笑，大一点的宝宝可以学着小动物蹦得高高的。

√ 哈爸推荐 Recommendation

动物们都是在横着打开的书的下面那一页蹲下，然后蹦到上面那一页，除了那只突然出现的跳不起来的蜗牛。慢慢翻到最后一页，小动物就换成了一个小姐姐。

全书一个发音，配图巧妙，刚开始学说话的宝宝，喜欢反复听简单、有趣的声音，还爱模仿，所以，这是一本很好的阅读启蒙读本，也是很好的亲子游戏书——和宝宝一起蹲下，然后用力向上蹦吧。

反正我和小小哈看了这本书后，就会和他一起蹲下，然后试图往上蹦，他还小，蹦不起来。没关系，做这些动作，小小哈很开心，这就够了。

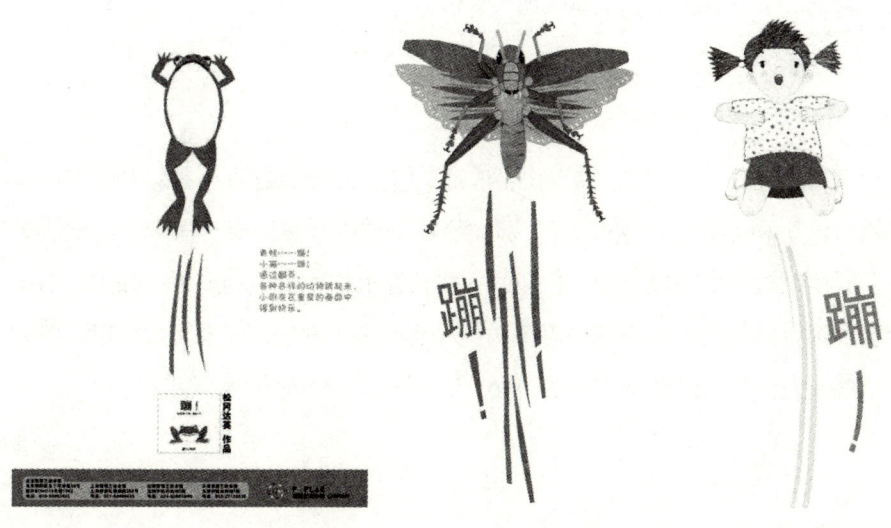

《噼里啪啦系列》

热闹声中开启一天的生活

作　　者：[日] 佐佐木洋子　编绘
出 版 社：二十一世纪出版社
出版时间：2009年2月1日
定　　价：89.60元
参考年龄：0～3岁

· 入选新阅读研究所《中国幼儿基础阅读书目》·

✓ 内容简介 Introduction

系列共7册：《我去刷牙》《我要洗澡》《你好》《草莓点心》《车来了》《我喜欢游泳》和《我要拉屁屁》，分别描绘孩子在刷牙、洗澡、游玩、吃点心等各种时候所碰到的问题，并以风趣的方式教会他们生活最初所需的知识。书中的图形不仅夸张诱人，而且采用了一些局部折叠的方式，在书页中可以不时翻开一些折叠页，看到图画内部的东西，这是很符合低幼儿童的阅读心理的。

∨ 哈爸推荐 Recommendation

这是一套很有趣的立体书,有镂空,而且采用了一些局部折叠的方式,在书页中可以不时翻开一些折叠面,看到图画内部的内容。爸爸妈妈可以带孩子一边看,一边让孩子用小手抠来抠去地做游戏。可以说,这是一套玩具书。

书角是圆角的,不会伤婴儿的嫩手。每页都是很厚的铜版纸,也可以说,这是一套纸板书。如果孩子喜欢撕书,可以买这种纸板书或是布(做的)书。如果买不到,就拿一些废弃的纸张或书籍给孩子撕,记得告诉孩子哪些可以撕,哪些不可以撕。

全七册就像书名一样,所有故事都在噼里啪啦的热闹声中呈现在我们面前,比如《我要拉屁屁》。教孩子学会拉屁屁,对很多父母来说并不是简单的事情。有一位美籍华人,在美国当了三十多年幼儿园园长,来我家做客,因为在我们家住了三天,看到小小哈的日常生活行为,就说道,孩子在幼儿园比较容易养成去厕所拉尿拉屁屁的习惯,"因为别的小朋友都去呀"。

可是,三岁以下的孩子一般都是在家的,但如果喜欢这个绘本,孩子在家应该就学会拉屁屁了。在这本书里,河马、小猪和小老鼠三个好朋友正高兴地玩着游戏,河马突然想拉屁屁了。看到河马想拉屁屁,另外两个小伙伴也要拉屁屁。

"嘟嘟叭叭,我要拉屁屁。""使劲,嗯——""唔——拉出来了!""拉完屁屁,要擦屁股,还要冲水,要洗手……"这本书的结尾很有趣,拉完屁屁,三个小伙伴居然都忘记穿裤子了。

这本书还可以帮助孩子建立诸如刷牙、洗澡、打招呼、坐车等良好的生活习惯。

《棕色的熊、棕色的熊,你在看什么?》

在动物与色彩中发现乐趣

作　　者:[美]马丁 著,卡尔 绘
译　　者:李坤珊
出 版 社:明天出版社
出版时间:2009 年 7 月 1 日
定　　价:29.80 元
参考年龄:0~3 岁

·信谊世界精选图画书,插图大师艾瑞·卡尔配图·

✓ 内容简介 Introduction

"棕色的熊、棕色的熊,你在看什么?""我看见一只红色的鸟在看我。""红色的鸟、红色的鸟,你在看什么?""我看见一只黄色的鸭子在看我。"……随着一问一答的句子以及反复的韵律与节奏的展开,充满各种动物与色彩的画面跃然纸上。

√ 哈爸推荐 Recommendation

从大人的眼里看,一个动物,一句话,谈不上内容,更谈不上营养。我就不套用专家们从幼儿心理学角度的高深分析,我只问,你如果选择一本书,首先得是一本看得懂的书,对不对?对了,这就是一本婴儿能看懂的书。能看懂就能发现乐趣,有乐趣就感到高兴,就这么简单。

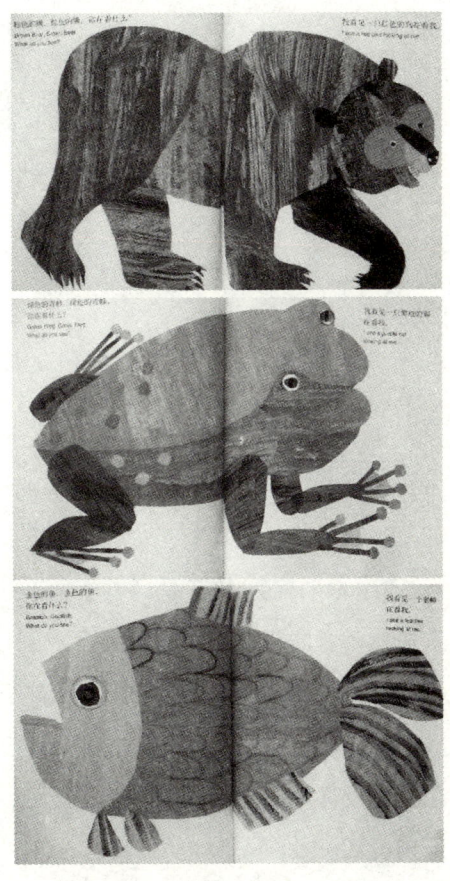

《韩国家庭亲子教育第一方案》

用游戏的方式让孩子爱上吃胡萝卜

作　　者：韩国博大设计室　编绘
译　　者：邢树荣，李丹　编译
出 版 社：延边人民出版社
出版时间：2011 年 7 月 1 日
定　　价：180.00 元
参考年龄：0～3 岁

• "韩国教育开发院"推荐图书，荣获"韩国图书出版协会图书金奖"•

✓ 内容简介 Introduction

这套书一共有六个系列，共30册：

《感觉系列》：孩子是通过感觉来认知这个世界的。经过各种训练与学习，孩子的感觉器官会变得更加敏感。本系列通过对视觉、触觉、听觉、味觉等五种最具代表性的感觉的介绍，帮助孩子轻松愉快地了解、认知世界。

《语言系列》：幼儿期是孩子语言发育的关键期，本系列从最基本的语言表达需求及环境入手，利用简短、实用、有趣的语言刺激孩子的听觉，诱导孩子开口说话。

《日常系列》：有五个主题结构，每本书都以孩子们在日常生活中常常遇到的困难和问题为内容，提供了最简单易行的解决方法。

《身体系列》：介绍了五百种利用身体进行的游戏。

《认知系列》：生动有趣地向孩子介绍了他们日后学习所要了解的图形、颜色、数字、长短、前后等五种最基本的概念，并采用互动游戏、趣味故事、再现生活等形式呈现。

《自然系列》：通过对水果、蔬菜、花等三类植物和狗、猴这两类动物的介绍，让孩子初步感知我们生活的地球家园正是因为有了人、植物和其他动物的存在，所以才如此生气勃勃、热闹非凡。

√ 哈爸推荐 Recommendation

从文化角度来看，韩国和我们的差异不大，教育方式也比较接近，所以教育观念比较好接受。同时，这套书图文并茂，内容简单，富有生活化。

比如，其中有一本书《我爱吃胡萝卜啦》，是一个矫正宝宝偏食的故事。宝宝偏食的确让家长头疼，书中的妈妈用了一个非常生活化的类似游戏的方式，让宝宝熟悉并喜欢上自己讨厌的胡萝卜，最后主动要求吃胡萝卜。

除了富有教育意义的故事外，还有为家长准备的写给妈妈的话和亲子互动游戏，通过这些内容，我们做家长的就知道怎样教育自己的宝宝，怎样和孩子做游戏。这些内容的确是我们家长所必须的。

宝宝0~3岁所需要学习的知识点基本囊括其中了！

《视觉、嗅觉、触觉全脑训练：世界上最神奇的香味书》

在玩中认识香味

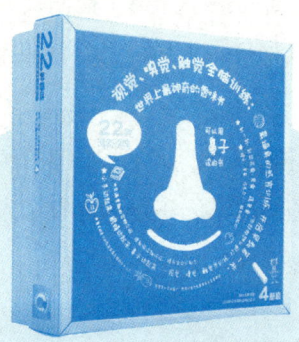

作　　者：[法]欧瑞安娜·拉勒曼德
译　　者：黎红，斯奈德
出 版 社：高等教育出版社
出版时间：2013 年 5 月 1 日
定　　价：200.00 元
参考年龄：1～3 岁

·法国最受欢迎的益智启蒙书·

✓ 内容简介 Introduction

这是一套引自法国的神奇香味书，全4册，精装，能给宝宝带来最逼真的视觉、嗅觉、触觉体验，让小脑袋发育得更快！这本可以用鼻子"读"的书，介绍了水果、花朵、美食和香料。在对应的图片位置上，孩子用手刮一刮，闻一闻，就可以体验到图片中物体的味道，不仅强化感官训练，还能激发无限想象力。

√ 哈爸推荐 Recommendation

2014年5月,我受邀参加了一场绘本童书的发布会。梅子涵老师也参加了,他是一位大学教授,但他更广为人知的身份是儿童阅读推广人,可以说,他是中国儿童阅读推广第一人。

梅教授在这次发布会上有一个即兴演讲。他说,现在的绘本童书不仅可以阅读,还可以玩。

而这套书不仅可以看,可以玩,还可以闻,设计非常巧妙,很有创意。它有洞洞书的特点,就是前一页有一个洞,从洞里可以看到后一页的一点点内容,可以让孩子猜后一页是什么。孩子看了猜不到,那就让孩子刮一刮,闻一闻,让孩子再猜。因为书里展现的物品的味道很逼真,孩子会很喜欢闻,也会乐意去猜。

当然,不建议孩子一下子把四本书都"玩"完,因为一共有22种味道,怕"串味",闻多了嗅觉就不灵敏了。这样说来,《视觉、嗅觉、触觉全脑训练:世界上最神奇的香味书》这么长的书名还是名副其实的。

如果孩子"玩"完一本,还想继续"玩",那么大人在这时就不要轻易满足孩子,而是利用这个机会激发孩子的阅读兴趣,把阅读当作一种奖励,从而培养孩子的阅读习惯。

这四本书是精装,还有非常漂亮的包装盒,所以拿来送人也是挺合适的。

《好饿的毛毛虫》

怎么可以错过卡尔爷爷呢

作　　者：[美]卡尔 编绘
译　　者：郑明进
出 版 社：明天出版社
出版时间：2008 年 4 月 1 日
定　　价：39.80 元
参考年龄：1～4 岁

· 被译成三十多种文字，世界发行量超过 2000 万册 ·
· 入选纽约公共图书馆"每个人都应该知道的 100 种图画书" ·

✓ 内容简介 Introduction

月光下，叶子上躺着一颗小小的蛋。星期天早上，太阳升起来，"砰！"从蛋里爬出来一条又小又饿的毛毛虫。

他开始去找吃的。星期一吃了一个苹果，可还是好饿。星期二吃了两个梨子，可还是好饿。星期三吃了三个李子，可还是好饿。星期四吃了四个草莓，可还是好饿。星期五吃了五个橘子，可还是好饿。星期六，他吃了一块巧克力蛋糕、一个冰淇淋、一根黄瓜、一块乳酪、一条火腿、一根棒棒糖、一个樱桃派、一根香肠、一个杯子蛋糕和一片西瓜。那天晚上，毛毛虫肚子痛了。

第二天又是星期天。毛毛虫吃了绿叶子，肚子好多了。现在，他不饿了，不是一条小毛毛虫了，是一条又肥又大的毛毛虫了。他造了一个小房子，叫茧，把自己包在了里面。他在里面待了两个多星期，咬了一个小洞挤了出来。毛毛虫变成了一只漂亮的蝴蝶。

√ 哈爸推荐 Recommendation

卡尔老爷爷真是没话讲。

每个孩子都能在他这里找到自己所喜欢的。有孩子就是喜欢这个红脑袋绿身子肥肥的家伙；有孩子最喜欢看毛毛虫在星期六吃的那一大堆好吃的，看到吃多了的毛毛虫耷拉着眼睛难受地趴在地上的样子，就会笑弯了腰；有孩子喜欢那只硕大的、五彩斑斓的蝴蝶，原来蝴蝶是由毛毛虫变来的呀。

每个年龄段都能吸收独特的营养。十几个月的小宝宝可以跟着学会一二三四五；两岁左右的宝宝可以跟着学会星期一、星期二、星期三、星期四；再大点儿的宝宝可以尝试复述故事内容，因为里面的各种食物都是宝宝喜欢吃的；对于理解力强一点的孩子，毛毛虫变成蝴蝶的奥妙也会让他们收获颇丰。

这本书中有意思的是其中的机关，毛毛虫星期一吃了一个苹果（纸的宽度只有整个宽幅的五分之一），星期二吃了两个梨（宽度为五分之二），星期三吃了三个李子，星期四吃了四个草莓，到星期五吃了五个橘子，画面才是完整的一张纸。每个水果上都有一个小圆洞，把这页翻过来后，竟然意外地发现毛毛虫从该页背面的洞里爬了出来。

孩子乐此不疲地将这五页翻来翻去，口里念着，"毛毛虫哪去了"，"毛毛虫从这洞里爬出来了"。据说，作者的作品屡次无法获得国际大奖，就是因为评论家担心会把图画书降低到玩具的标准。但是，有什么关系呢？如果孩子喜欢，喜欢这样的"机关"，喜欢蝴蝶从茧里出来的那一刻，喜欢让人窒息的绚烂耀眼，就足够了。

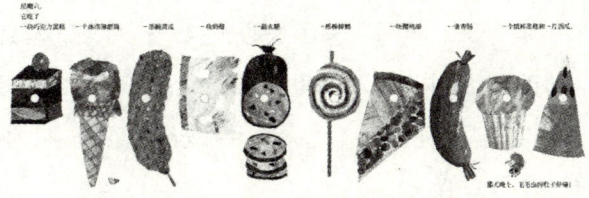

《月亮的味道》

摘月亮喂妈妈

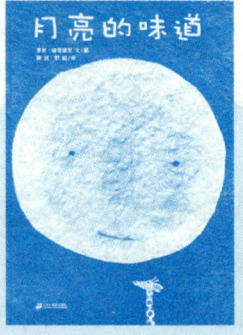

作　　者：[瑞士]格雷涅茨 著
译　　者：漪然，彭懿
出 版 社：二十一世纪出版社
出版时间：2007年1月1日
定　　价：26.00元
参考年龄：1～4岁

· 1996 年第二届日本图画书奖翻译图画书奖 ·
· 入选日本全国学校图书馆协议会第 22 次"好图画书" ·

√ 内容简介 Introduction

月亮，是什么味道呢？是甜的还是咸的？真想尝一小口啊！夜里，动物们望着月亮，总是这么想。可是呢，不管怎么伸长了脖子，伸长了手，伸长了腿，也够不着月亮。

有一天，一只小海龟决心去摸一摸月亮。爬到山顶，月亮近多了。可是，小海龟还是够不着。海龟叫来了大象。"大象，你到我背上来，说不定我们够得到呢！"月亮想："这是在和我玩游戏吧！"大象的鼻子往上一伸，月亮轻轻地往上一跳。

大象够不着,它叫来了长颈鹿。然后长颈鹿叫来了斑马,斑马叫来了狮子,狮子叫来了狐狸,狐狸叫来了猴子,猴子叫来了老鼠。

月亮看着老鼠,心想:"这么个小不点儿,肯定捉不到我的。"月亮已经玩累了,这回它没有动。想不到,"咔嚓",老鼠咬下一片月亮。它给动物们都分了一口月亮,大家都觉得,这是它们吃过的最好吃的东西。

一条小鱼看着这一切,怎么也闹不明白:"为什么它们要那么费力,到高高的天上去摘月亮?这不是还有一个嘛,喏,就在水里,在我旁边呀。"

√ 哈爸推荐 Recommendation

幼儿喜欢它的理由之一——这是一本关于吃的书。

除了吃,幼儿醒着的时候,另外一件头等大事就是玩,就是游戏了。这本绘本就很好玩,动物们一个叠一个去够月亮,但被踩在最下面的,不是大象,而是一只小小的乌龟,超乎想象的结局是,最后小动物们并不是徒劳,而是真的吃到了月亮!并且,够到月亮的,不是有长脖子的长颈鹿或者长胳膊的猴子,而是一只小老鼠!

显然,不到2岁的小小哈已经深谙其乐,瞧他拇指和食指捏着虚拟的月亮,喂完妈妈喂爸爸,然后喂奶奶,以及家里的每一位客人。有一天晚上和哼妈带小小哈出去散步,他突然咿咿呀呀,手指着天空:呀,原来他发现了月亮!

他不仅发现了月亮,还让我抱他起来摘月亮,我抱他起来也够不着,他就在我怀里拱,示意我朝月亮的方向走。我朝前走了十多米,小小哈就开始摘月亮吃,摘一下,放到嘴里,然后也摘给我吃。

真甜!

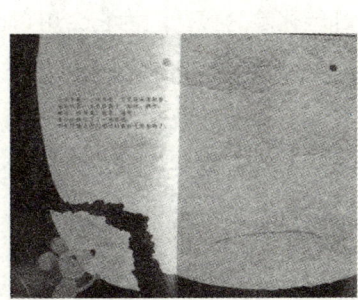

《一寸虫》

一寸一寸地量爸爸的手和脸

作　　者：[美] 李奥尼　编绘
译　　者：杨茂秀
出　版　社：明天出版社
出版时间：2009 年 9 月 1 日
定　　价：32.80 元
参考年龄：2~5 岁

· 荣获 1961 年美国凯迪克银奖 ·
·《纽约时报》最佳图画书·

✓ 内容简介 Introduction

　　一条身体很小、一点力气都没有的小小一寸虫，有很多敌人。可是一寸虫却能化险为夷，因为它会用自己的身体量东西，它帮敌人量身体、量尾巴、量脚……从而转移敌人的注意力。但是有一天，一寸虫遇到了一个很大的困难。有一只夜莺竟然要一寸虫量量它的歌到底有多长。这要怎么量呀？如果它量不出来，就要被吃掉了。一寸虫该怎么办呢？一寸虫想到了一个很棒的方法，它还是用身体一寸一寸地量……

哈爸推荐 Recommendation

这本书有两点值得一提:第一,智慧的力量,可以让强壮妥协,让武力缴械;第二,一寸一寸爬出夜莺歌声的一寸虫,却让小读者一寸一寸爬进艺术的生命之歌。

小小孩应该很难懂得上面的道理,但这不是说小小孩就不喜欢这个绘本。甚至小小哈还在1岁多的时候,他就喜欢上了《一寸虫》。大道理他当然是不懂的,他喜欢的是在画面里找虫子,找到虫子后他就开始量,不仅量书里的动物,还量我的手,我的脸。

我自然以其人之道还治其人之身,把他全身都量了一遍,量到哪里笑到哪里。

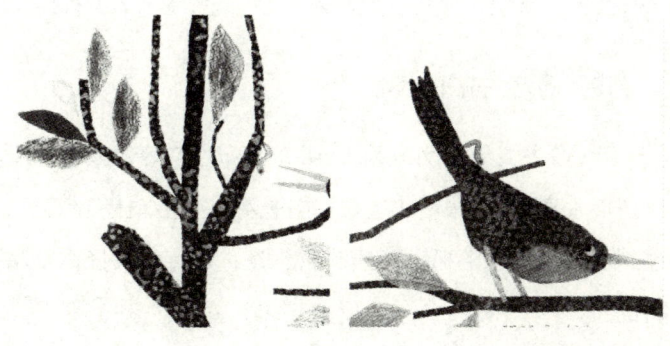

《聪明豆绘本系列》（第一辑）

站着、躺着、靠着、倒立着都好玩的图画书

作　者：[英]唐纳森　文
　　　　[德]舍夫勒　图
译　者：任溶溶
出 版 社：外语教学与研究出版社
出版时间：2005 年 5 月 1 日
定　价：89.40 元
参考年龄：2~7 岁

· 蓝彼得儿童读物奖，斯马尔蒂斯儿童读物金奖 ·
· 英国国家图书奖最佳儿童读物，2003 年格林威大奖提名 ·
· 被英国《观察家报》等权威媒体誉为"当代图画书的经典""不能不读的图画书" ·

✓ 内容简介 Introduction

《咕噜牛》：一只小老鼠，叽布叽布，在密林深处溜达。一只狐狸看到他，馋得口水直滴答。跟着小老鼠，走进这茂密的森林，看看这只聪明机灵的小老鼠，碰到了不怀好意的狐狸、猫头鹰、蛇，还有那大怪物咕噜牛，他是怎样一一对付的？

《咕噜牛小妞妞》：咕噜牛爸爸警告他的小妞妞，千万不要去密林里头，那儿有只凶恶的大老鼠会抓住你。可是，一个风雨交加的晚上，小妞妞趁爸爸睡着，就踮着脚尖溜出了家，一步一步向密林深处走去。小妞妞是否找到了传说

中那只凶恶的大老鼠?她在神秘森林有怎样的冒险?

《女巫扫帚排排坐》:女巫有一只猫,还有一顶很高的尖尖帽,他们骑着魔扫帚,一路迎风飞着跑。后来,小狗、小鸟、青蛙因为帮助了女巫,女巫心存感激,就让他们也坐在了扫帚上。可突然,扫帚一下子断成了两半,猫啊、狗啊,还有青蛙都掉了下去。女巫和那另外半根扫帚飞入了云中,却遇上了可怕的大恶龙。她的朋友们是如何帮助她的?魔扫帚的命运如何?

《城里最漂亮的巨人》:乔治是个巨人,城里最邋遢的巨人。他总是穿着同一双黄色的旧凉鞋,同一件打着补丁的旧袍子。然而,乔治却有一顶美丽的金冠,这是他曾经帮助过的动物送给他的礼物。因为他是城里心眼儿最最好的巨人,也是城里最快乐的巨人。他到底是怎样帮助别人的?

《小海螺和大鲸鱼》:一只小海螺很想出海去远航,她用自己的黏液在岩石上写下了几个字:请带我出海远航,好不好。后来,一条大鲸鱼答应了她的请求。小海螺就慢慢爬到鲸鱼的尾巴上,开始了她的远航。小海螺和大鲸鱼这一路上有什么所见所闻?她怎么竟然救了大鲸鱼的一条命?

《小房子变大房子》:一位小老太太,独自住着一间房子。可她总是觉得自己的房子太小了,就对聪明老先生发牢骚:"我家地方真是小,请你帮帮忙,我家实在挤得慌!"聪明老先生就给她出主意,小老太太虽然觉得他的主意有些稀奇,但还是照做了。可是,最后小老太太真的觉得房子变大了,一点儿也不挤。聪明先生是怎么聪明地把小房子变成大房子的?

√ 哈爸推荐 Recommendation

这套译本是由我国儿童文学界功勋卓著的翻译家任溶溶老先生担纲翻译的。既然这样,就直接借用老先生的点评吧,"这套书很好玩!"站着、躺着、靠着、倒立着,都好看、好读、好玩的图画书!

《猜猜我有多爱你》

跟孩子好好说爱是一件幸福的事

作　　者：[爱尔兰] 麦克·山姆布雷尼　著
　　　　　[英] 安妮塔·婕朗　绘
译　　者：梅子涵
出 版 社：明天出版社
出版时间：2013 年 7 月 1 日
定　　价：35.80 元
参考年龄：2~7 岁

· 世界性的经典图画书，全球销量高达 1500 万册以上 ·
· 美国图书馆协会年度最佳童书，美国《出版者周刊》年度最佳图书 ·
· 1996 年美国书商协会年度最佳图书奖童书奖 ·
· 入选美国收录 44 部本世纪最重要的图画书的《二十世纪童书宝典》·

✓ 内容简介 Introduction

栗色的小兔子想要去睡觉了，它紧紧地抓住大兔子的长耳朵，要大兔子好好地听。它说："猜猜我有多爱你？""噢，我大概猜不出来。"大兔子说。"有这么多。"它伸开双臂，拼命往两边张。可大兔子的手臂更长。"我爱你，有我够到的那么高。"小兔子举起胳膊说。可大兔子也举起了胳膊。然后，小兔子朝下倒立，把脚往树干上伸。它说："我爱你，一直到我的脚趾够到的地方。""我爱你，一直到你的脚趾够到的地方。"大兔子把小兔子高高地抛到了它的头顶上。

"我爱你,有我跳得那么高。"小兔子跳上又跳下。"可是我爱你,也有我跳得那么高。"小兔子大叫:"我爱你,从这条小路一直到河那边。""我爱你,过了那条河,再翻过那座山。"小兔子太困了,抬头朝高高的灌木丛上望去。"我爱你,一直到月亮那么高。"它说,然后闭上了眼睛。大兔子把小兔子轻轻地放到了树叶铺成的床上,低下头来,亲亲它,小声地微笑着说:"我爱你,到月亮那么高,再绕回来。"

✓ 哈爸推荐 Recommendation

我是从小都不曾听过"爸爸爱你!妈妈爱你!"之类的话的,觉得也没什么。有一天我无意听到哼妈和小小哈躺着有一搭没一搭地聊天,"妈妈爱不爱宝宝?""爱!""爸爸爱不爱宝宝?""爱!""宝宝爱不爱妈妈?""爱!"然后翻过身来给哼妈一个抱抱,我突然发现,跟孩子好好说爱,挺幸福的。

这个绘本在我看来,在跟孩子好好说爱方面,堪称经典,所以在最初很长一段时间,我的公众账号"经典绘本"采用了它的封面作为头像,甚至 LOGO。

给孩子读这本绘本,都不需要妈妈再额外说任何话,孩子就会吸收它全部的营养。从此,你的家里就会多一个亲子游戏,就是比赛"猜猜我有多爱你"。

《打瞌睡的房子》

都是跳蚤惹的祸

作　　者：[美]伍德 编绘
译　　者：柯倩华
出 版 社：明天出版社
出版时间：2009 年 12 月 1 日
定　　价：32.80 元
参考年龄：2～7 岁

· 1984 年美国图书馆协会杰出童书奖 ·
· 1984 年《纽约时报》最佳儿童图画书奖 ·
· 1984 年美国童书作家协会金风筝奖 ·

✓ 内容简介 Introduction

有一栋打瞌睡的房子，房子里每个人都在睡觉。

温暖的床上有一位打鼾的老奶奶。在温暖的床上，床在打瞌睡的房子里，房子里每个人都在睡觉。

在那位老奶奶的身上有一个小孩，做梦的小孩。在打鼾的老奶奶身上，老奶奶在温暖的床上，床在打瞌睡的房子里，房子里每个人都在睡觉。

那个小孩身上有一只狗，昏昏欲睡的狗在做梦的小孩身上，小孩在打鼾的老奶奶身上，老奶奶在温暖的床上，床在打瞌睡的房子里，房子里每个人都在睡觉。

那只狗身上有一只猫，打盹儿的猫在昏昏欲睡的狗身上，狗在做梦的小孩身上，小孩在打鼾的老奶奶身上，老奶奶在温暖的床上，床在打瞌睡的房子里，房子里每个人都在睡觉。

那只猫身上有一只老鼠，呼呼大睡的老鼠在打盹儿的猫身上，猫在昏昏欲睡的狗身上，狗在做梦的小孩身上，小孩在打鼾的老奶奶身上，老奶奶在温暖的床上，床在打瞌睡的房子里，房子里每个人都在睡觉。

那只老鼠身上有一只跳蚤……可能吗？不睡觉的跳蚤在呼呼大睡的老鼠身上，老鼠在打盹儿的猫身上，猫在昏昏欲睡的狗身上，狗在做梦的小孩身上，小孩在打鼾的老奶奶身上，老奶奶在温暖的床上，床在打瞌睡的房子里，房子里每个人都在睡觉。

不睡觉的跳蚤咬了老鼠一口，老鼠吓了猫一跳，猫抓了狗一把，狗踢了小孩一脚，小孩撞了老奶奶一下，老奶奶把床压垮了。现在，打瞌睡的房子里没有人在睡觉。

√ 哈爸推荐 Recommendation

借这个绘本，和孩子一起玩一个叫"找跳蚤"的游戏吧，孩子一定玩得不亦乐乎。在哈哈大笑中，就训练了孩子的观察能力。另外，作者以重复的句型与叠句的结构，使文字极富节奏感，这对小朋友语感的获得很有帮助。

《小熊维尼儿童安全第一宝典》

游戏中培养孩子的安全意识

作　　者：美国迪士尼公司 著
　　　　　童趣出版有限公司 编
出 版 社：人民邮电出版社
出版时间：2013年9月1日
定　　价：48.00元
参考年龄：3～6岁

·美国迪士尼公司出品·

✓ 内容简介 Introduction

　　这是一本培养孩子安全意识的故事书,以发生在维尼和朋友们之间的36个故事为线索,展示"健康我有招""在家我不淘""外出我不怕""玩耍我当心"四大生活主题。

　　这些都是宝贝成长中常见的问题。通过卡通人物将这些问题的趣味化和生活化,以及亲子共读、翻页互动的生动游戏,你可以让宝宝潜移默化地学会和养成各种良好的安全行为习惯与自我保护能力。这样,宝宝更容易接受,爸妈们也从中收益颇丰。

故事没有任何刻板的说教，而是通过主人公小熊维尼和他的朋友们的经历，向孩子讲述他们必须知道的安全问题和自我保护常识。每一个安全主题故事的后面，都有一个趣味贴纸游戏，帮助孩子巩固在故事中学到的安全知识。不仅提醒家长关注孩子的安全教育，更是直接教会孩子辨识危险、远离危险！

√ 哈爸推荐 Recommendation

小熊维尼的形象很能吸引孩子。和孩子一起阅读小熊维尼化险为夷的小故事，通过贴最爱的贴纸，在寓教于乐中培养孩子的安全意识，当然还有我们大人的安全意识。

整本书封面的黄色很干净透亮，孩子会用小手在封面上摸来摸去，还想抠那个金色的像盾牌一样的东西。以故事的形式，告诉孩子安全常识，后面紧跟注意事项，然后是测试题，4幅图片，最后是自护儿歌。这本书里的一个个小故事后面又有认识对错的贴图，很可爱。宝宝很喜欢里面的图片，特别喜欢里面的维尼熊贴纸，爱不释手，非常有意思。

现在网络上、电视、报纸等各种媒体都在讲儿童安全问题，可是还是有不少的安全问题事件在不断出现。孩子被卡在防盗栏里，又或者孩子被卷帘门卡住手……为了不给自己后悔的机会，让我们和孩子一起去培养安全意识吧。

《I SPY 视觉大发现》（第一辑）

孩子爱不释手的视觉益智游戏书

作　　者：[美]维克 图
　　　　　[美]玛佐洛 文
译　　者：代冬梅
出 版 社：接力出版社
出版时间：2007 年 9 月 1 日
定　　价：102.40 元
参考年龄：3 ~ 7 岁

· 荣获美国育儿类出版物奖、《父母杂志》最佳书籍奖 ·
· 纽约公共图书馆最佳百本图书奖 ·

✓ 内容简介 Introduction

这是一套奇妙的视觉益智游戏书，共8册。每本书里包含让人目眩神迷的上万件物品和300项视觉发现游戏。从封面上引出书名的图画谜，到正文连续不断展开的内容，孩子们将进入一连几个钟头寻找谜底的过程。

这是一套任何年龄段的孩子都能参与的互动宝典，不同发展水平的孩子都能在视觉游戏中获得成功的喜悦和自我激励。不仅锻炼孩子观察的细致性、反应的敏捷性，而且还培养孩子遭遇挫折时的意志品质。书中的照片里看似都是杂乱无章的物品陈设，但事实上都经过精心的设计和摆放，试图让孩子突破心理定势、驾驭丰富联想、躲避视觉圈套,在完成各种找寻任务中体验发现的乐趣和顿悟的惊喜。

这也是一套常看常新的魔术宝书。每次翻开,都会有一些意想不到的新灵感、新发现。每本书的末尾还特别为观察高手提供了展示自我的空间,你可以将书中没有提到却被你发现的非常隐秘的各种东西记录下来,或者尝试为所发现的谜题编写神奇的故事……

本书的宝藏可自设:你和家人不仅可以按照书中既定的问题来进行常规阅读,也可以随机根据画面内容和难易程度自己设计一些探寻和发现的目标。您可以为搜寻项目记时:即用更短的时间完成同等数量的游戏,或在同样的时间里,完成更多的游戏。这些搜寻游戏既可以让能够自主阅读的孩子一个人自得其乐,也可以大家一起互相比赛,看谁能用更短的时间,找到更多。

√ **哈爸推荐**Recommendation

我们最初是从一个朋友那里借的这套书中的一本,一看就爱不释手。小小哈平时喜欢车,他在书里找车的"技术"可真是一流。小小哈找车,我和哼妈就按照书里的要求找物件,看谁找得到,找得快。玩得不亦乐乎!"赶紧买一套吧。给我自己看。"哼妈对我说。

有人说,阅读这样的书,却得同时用上神探的眼睛、魔术师的手、猜谜高手的脑袋,以及艺术大师的审美力和探险家的那颗心。确实是这样,它利用人们视知觉的一些特点和性质,比如图形——背景关系、局部——整体关系以及物体的不同视角等等,设计出图画中的·"出其不意"。

《欧美经典儿歌〈唱歌啦!〉》WEE SING(第一辑)

培养孩子的英文耳朵

作　者：[美]尼普·比尔 编著
　　　　[美]克莱因 绘图
出 版 社：中国对外翻译出版公司
出版时间：2010年4月19日
定　价：144.00元
参考年龄：0～12岁

·风行美国几十年,企鹅经典童书·
·贯穿奥尔夫音乐教学理念·

✓ 内容简介 Introduction

WEE SING 是一套来自美国的英语经典童谣,囊括英文经典儿歌歌曲,在美国风行几十年,路边小店都有售。歌本中的许多歌曲都注明了奥尔夫音乐活动,对家长有一定的指导作用。

本套书共有9册,分别涵盖不同的主题:(1)宝宝催眠曲,《温馨童谣》(*For Baby*);(2)韵律互动操,《和妈妈一起唱》(*Nursery Rhymes and Lullabies*),《动动手指唱童谣》(*Children's Songs and Fingerplays*);(3)小小合唱团,《大家一起唱》(*Sing-Alongs*),《快乐游戏》(*Games, Games, Games*);(4)探索大自

然,《开车去兜风》(In the Car),《动物大游行》(Animals, Animals, Animals);
(5)百科探秘集,《恐龙时代》(Dinosaurs),《周游世界》(Around the World);
(6)书摘与插画。

其他单本:《温馨童谣》《和妈妈一起唱》《动动手指唱童谣》《动物大游行》《开车去兜风》《快乐游戏》《大家一起唱》《周游世界》《恐龙时代》。

哈爸推荐 Recommendation

有些时候,面对一些更为"敬业"的父母,我是有愧疚的,比如曾遇到一位为了孩子背诵了上千首童谣的妈妈。

育儿路上无止尽,中文童谣还不够,还要英文的?那好吧,我怀着尊敬的心情推荐WEE SING。我是听不懂英文的,但我相信王若文老师的眼光。她是加拿大英文教学专家,中英双语儿童文学作家,写了很多童书,在国外获得过不少奖,比如《小文系列图画书(全10册)》。

能了解到WEE SING就是因为王老师的推荐。我和王老师有多次海外长途电话联系,也看过她的新浪博客,知道她是一个很正直的人,国内有很多出版

机构有意付费请她推荐童书都被她拒绝了,除非是真正的好书。后来逐渐形成了这样一个口碑:"王若文的推荐:'我说好,它就是好。'"这套书就是王老师"说好"的。

我听不懂,但我想我儿子终会听懂的,而且音乐嘛,也不是非得懂。

第二篇

满满的都是
亲子的爱

...

你爱孩子,让孩子感受到你的爱,也爱你。

宝宝不想入睡,不会独立穿衣、吃饭,安全意识缺乏……看看这些绘本,这些宝宝普遍存在的问题,爸爸妈妈是不是就迎刃而解了呢?

《乐悠悠图画书》

小小哈翻了好几遍的国内绘本

作　　者：高洪波 等著，安宏 等绘
出 版 社：中国少年儿童出版社
出版时间：2010 年 8 月 1 日
定　　价：220.00 元
参考年龄：0～2 岁

·入选新阅读研究所《中国幼儿基础阅读书目》·

✓ 内容简介 Introduction

共22本，精选自《婴儿画报》，字大图大，每个故事单独成册，包括《过节》《甜甜的太阳》《爸爸妈妈下班啦》《大象杂技团》《小白鼠去旅行》《兔子楼》《小鸟学飞》《一把小绿伞》《不当馋嘴猫》《问好》《玩具回家》《小猪吃米饭》《学走路》《"哒哒哒"，跑得快》《小鸟不再叫》《三把小伞》《小雨人》《袋鼠车》《长颈鹿》《大狗来了》《稻草人》《追呀追》。

√ 哈爸推荐 Recommendation

《乐悠悠图画书》的（开本）大小是常见书的三分之二，圆角设计，不会割伤孩子。每一本都是一个单独的故事，而且都非常简短，只有十页左右（一般的绘本都有二三十页），确实非常适合小小孩。

说实话，对于绘本，我是有点"崇洋媚外"的，毕竟绘本在欧美已经有几十甚或上百年的历史了。而我们到现在还有很多父母不知"绘本"为何物，对"绘本"没有任何概念。若说到"图画书"，他们就会和小时候看的连环画联系起来。但连环画的插图远没有绘本精美，故事也远没有绘本隽永。

这套书是国内原创的，若不是入选《中国幼儿基础阅读书目》，我当初恐怕不会买来给我的孩子小小哈看，如今1岁8个月的他，已经能跟着妈妈咿咿呀呀背诵他最喜欢的《"哒哒哒"，跑得快》了。

另外，值得一提的是，这套书是从《婴儿画报》精选出来的。对于还没怎么接触绘本的爸爸妈妈，订一年《婴儿画报》或《东方娃娃》或许是不错的开始。

《儿童音乐之旅：世界上最美的儿童歌曲绘本》

用绘本胎教是件美妙的事情

作　　者：[法]阿尔马格纳　等绘
　　　　　[法]格格斯雷加特　等著
译　　者：王珺
出 版 社：连环画出版社
出版时间：2013年8月1日
定　　价：68.00元
参考年龄：0~3岁

- 法国国家家庭教育出版金奖 ·
- 法国国家图书中心特别资助奖 ·
- 西班牙文化部最美图书一等奖（橄榄树之荫）·

✓ 内容简介 Introduction

"世界儿童歌曲系列"是法国知名少儿出版社Didier Jeunesse组织众多重量级插画家和音乐家打造的系列图画书（含CD）。该系列精选了世界各地261首儿童歌曲，本书是从261首儿童歌曲中又精选了23首特别舒缓、优美的，包括犹太、斯拉夫、非洲、中东（波斯）、大中华、非洲等世界重要文明发源地经久传唱的经典儿童歌曲。全书共分六个篇章，涉及19个国家和地区，保留了歌曲的原汁原味。同时，绘本中列出了音译歌词，便于读者跟唱；配有歌曲背景和大意，便于读者了解相关背景。

√ 哈爸推荐 Recommendation

因为做微信公众号"经典绘本",我会经常被人问到孩子多大可以接触绘本,我的回答通常是"从零岁",或"从现在就开始",其实,还在母腹的胎儿时期就可以开始了。用绘本胎教是件非常美妙的事情。

比如,孕妈妈可以用《世界上最美的儿童歌曲绘本》进行胎教,一边翻看精美的插画绘本,一边聆听歌曲(书含原版引进的超长白金CD)。

书里的插图和文字(中文歌词),孩子一般理解不了,父母可以放光盘给孩子听(比如在车里)。如果觉得放光盘麻烦,那就用电脑上windows media player的翻录功能,把CD上的歌曲转成mp3存到手机里。孩子听多了,就会跟着曲调哼唱。

当然,它不仅可以作为胎教音乐、摇篮曲,还可以作为音乐早教和音乐基础素材。毕竟这可是由众多重量级插画家、音乐家和歌唱家合力打造的作品,被法国媒体评为最值得推荐的儿童音乐入门读物。

《中国童谣》

有童谣滋润的童年

作　　者：李光迪，金波　文
　　　　　田原，胡永凯　图
出版社：连环画出版社
出版时间：2010 年 10 月 1 日
定　　价：56.00 元
参考年龄：0～3 岁

✓ 内容简介 Introduction

这套《中国童谣》共收录了八本，包括四本传统童谣和四本现代童谣。

四本传统童谣由著名儿童文学作家、诗人金波老师选编，"排排坐，吃果果，你一个，我一个……""小老鼠，上灯台，偷油吃，下不来……"这些童谣，从祖辈流传下来，经过父辈，传给孩子，就这样一直传下去吧。

四本现代童谣，出自著名的当代诗人李光迪之手。"小小月亮，跳进池塘，洗个澡澡，回到天上。"其鲜明的节奏感和优美的韵脚，非常适合妈妈与孩子一同轻轻歌唱。

✓ 哈爸推荐 Recommendation

虽然我一直不怎么"看得上"本土绘本,但是,中国的童谣却始终深得我心。

有一天,看着岳母抱着小侄女睡觉时浅吟"拉大锯,扯大锯,姥姥家里唱大戏……",我顿时体会到了一种"摇啊摇,摇到外婆桥"的中国式意境。

我想,中国的童谣里,有一种高于科学、知识,甚至高于教育的东西。想象着今天的孩子们唱着"云往南,雨涟涟。云往北,一阵黑。云往东,一溜青。云往西,放牛小伙子披蓑衣",便能于忙乱世间,准确识得这个孩童从哪里走来,他的身后不只是肯德基与麦当劳,而是更为广阔而深邃的中国水墨画。

其实,大部分的传统童谣都是谈不上有什么"意义"的,它最原初最直接的目的就是让孩子们学语言,在一则则小童谣里,锻炼一个个元音与辅音,体会韵脚们列队巡行时的快乐。母语像是蜗牛壳一样,每个人长大了都要背着它游走四方。而童谣是最温柔动听的母语,它里头揉进了时间与习俗,悄悄把"外婆桥"放进心灵刚刚懂事的地方,预备着,给人最后的安慰与怀想。因为,这里面有母亲,有故乡。

《大卫，不可以》

宝贝，我爱你

作　　者：[美]大卫·香农　文/图
译　　者：余治莹
出 版 社：河北教育出版社
出版时间：2007年4月1日
定　　价：29.80元
参考年龄：1～3岁

· 1998年凯迪克银奖 ·
· 1998年《纽约时报》年度最佳图画书 ·

✓ 内容简介 Introduction

　　大卫的妈妈总是说："大卫，不可以！"大卫伸着舌头，站在椅子上颤颤巍巍去够糖罐；大卫一身污泥回家，客厅的地毯上留下了一串黑脚印；大卫在浴缸里闹翻了天，水流成河；大卫光着屁股跑到了大街上……每一幅页面里都有妈妈说的话"大卫，不可以"。但是书的后面：大卫在屋子里打棒球，把花瓶打破了。这下可闯大祸了，大卫被罚坐在墙角的小圆凳上，流眼泪了。于是，妈妈对他说："宝贝，来这里。"妈妈给了他一个温暖的拥抱，对他说："大卫乖，我爱你。"

✓ 哈爸推荐 Recommendation

到目前为止，我对小小哈说的最多的话，恐怕就是"NO"（不可以）。因为我觉得孩子越小，就越需要为他立界限树规矩，而不是相反。他看电视尤其是近距离看电视，我说"NO"；他不脱鞋就上床，我说"NO"；他推搡别的小朋友，我说"NO"……每次说完我都要摸摸他，抱抱他，因为我爱他。

所以，当我看到《大卫，不可以》时，真是心有戚戚焉，觉得它真不愧是凯迪克银奖作品（凯迪克大奖是美国乃至全世界最具权威性的绘本奖）。当然，这本书里面说"不可以"的人是妈妈，而不是像我一样的爸爸。

我有一个朋友是两个男孩的妈妈，叫Sophie，在上海工作，知道绘本的美好，所以经常给两个孩子读绘本。她把绘本介绍给她老家从未接触过绘本的朋友。这个朋友听了Sophie的建议，第一次给女儿读绘本，就是《大卫，不可以》。"结果，读到最后一页的时候，女儿抱着她大哭，说：'妈妈，我爱你。'"Sophie的朋友根本没有想到会有这样的效果！

如果你对孩子说过很多"不可以"，而不清楚孩子是否感受到你的爱，就一定要和孩子一起看这个绘本，以便让孩子知道你给他立规矩说"不可以"是因为爱他。

《抱抱》

爱我你就抱抱我

作　　者：[英]阿波罗　编绘
译　　者：上谊编辑部
出 版 社：明天出版社
出版时间：2009年3月1日
定　　价：30.80元
参考年龄：1～3岁

·信谊世界精选图画·

✓ 内容简介 Introduction

　　这是一本几近无字的图画书。小黑猩猩一路上看到相亲相爱的各种动物，大家热切地抱在一起，表达对彼此无尽浓烈的爱。只有小黑猩猩，一路上与妈妈走失了，妈妈在哪里，好希望有人抱抱他哦！好心的大象妈妈背起他四处寻找妈妈，找着找着，树上传来了小黑猩猩熟悉的"宝宝"的声音，是妈妈的叫声！小黑猩猩大叫着"妈妈"，向妈妈扑去，黑猩猩母子闭着的双眼和幸福的神情温柔着每一颗心。

　　简单的故事内容，抓住了吸引幼儿最重要的两个元素，亲情关怀（抱抱）

与对动物的好奇。小朋友知道没有手的长颈鹿、河马是怎么抱抱吗?书中可找到有趣的答案。

✓ 哈爸推荐 Recommendation

如果父母让孩子读绘本的主要目的,是让孩子学会认知,或者懂得什么道理,培养孩子的什么品格,那就有点走偏了。读好的绘本会让孩子学到这些,但这只不过是副产品。

读绘本的真正的目的,我觉得应该是培养良好的亲子关系,让孩子感受到父母满满的爱,让父母享受与孩子共处的乐趣。所以,在孩子还小,7岁以下的时候,我是提倡亲子共读的,而不是把书扔给孩子就完事。

《抱抱》,你能教孩子什么字呢?一共也就三组词"抱抱""宝宝""妈妈"。其实,连这三组词也不要急于教给孩子。不然真是捡了芝麻丢了西瓜。这本书的"西瓜"是什么呢?就是抱抱孩子,让孩子也抱抱你。所以,我能明白,这本让小小哈快速喜欢的绘本,带给孩子最美好的,就在于小黑猩猩和妈妈抱抱的瞬间,小小哈温暖的笑脸和那伸向哼妈的小小双手。

"爱我,你就抱抱我。"对婴幼儿来说,拥抱应该是他们最能感受得到的爱的表达。通过与父母那熟悉的身体的温暖接触,孩子能够感受到甜蜜温馨的爱。《抱抱》这个故事,非常贴近小小孩子的生活经验,可以满足孩子被爱、被拥抱的心理需求,并引导孩子学习表达内在的情绪感受。

这本书看起来非常简单,但孩子会反复阅读,爸爸妈妈可以引导模仿小猩猩和其他动物的脸部表情,还有充满趣味的肢体动作,还可以让孩子说出"抱抱"。在讲故事的过程,不断抱抱孩子,同时也让孩子抱抱你,抱抱他的玩具吧。

《逃家小兔》

给孩子更自由的爱

作　者：[美]赫德　绘
译　者：黄迺毓
出 版 社：明天出版社
出版时间：2013 年 10 月 1 日
定　价：26.80 元
参考年龄：1～3 岁

·《纽约时报》1972 年度优秀儿童图书·
·美国全国教育协会 100 本最佳童书推荐·

✓ 内容简介 Introduction

　　从前有一只小白兔，他很想要离家出走。有一天，他对妈妈说："我要跑走啦！"

　　"如果你跑走了，"妈妈说，"我就去追你，因为你是我的小宝贝啊。"

　　"如果你来追我，"小兔说，"我就要变成溪里的小鳟鱼，游得远远的。"

　　"如果你变成溪里的小鳟鱼，"妈妈说，"我就变成捕鱼的人去抓你。"

　　故事就在这样的循环往复中达到高潮，不尽甜蜜。

　　"如果你变成小男孩儿跑回家，"妈妈说，"我正好就是你妈妈，我会张开手臂好好地抱住你。"

"天哪,"小兔说,"我不如就待在这里,当你的小宝贝吧。"

他就这么办了,"来根红萝卜吧!"妈妈说。

√ 哈爸推荐 Recommendation

在推荐《大象小不点》时,我说小孩似乎天生喜欢冒险,《逃家小兔》就是证明。不过,孩子冒险时,你要让他感受到足够多的安全感。或者说,你给孩子足够的安全感和空间,孩子才愿意冒险。

小兔子虽然上天入地乱窜,但怎么窜都窜不过兔妈妈的手心。大象小不点虽然没有爸爸妈妈的看护,但在冒险的旅途中,一直有热心朋友的帮助。

我想,每个孩子都曾经在游戏中幻想过像小兔子一样离开家,来考验妈妈对自己的爱,而这个小兔子的经历就像他们自己的游戏一样,给他们带来了一种妙不可言的安全感,可是,并不是所有父母都能理解孩子的"逃走"。

有位妈妈说,如果宝宝说他要逃走了,她会怎么回答?一般会说,"你不能乱跑,外面有坏人,宝宝被抓走了就再也见不着妈妈了。"或者,"你走吧,跑出去你就知道没有了妈妈你就会受到伤害。"她首先想到的是宝贝别磕别碰着。而兔子妈妈的智慧,就这么一下子显现出来了。

《不睡觉世界冠军》

该怎么让精力旺盛的孩子乖乖入睡

作　　者：[英] 西恩·泰勒 文
　　　　　幾米 图
出 版 社：新星出版社
出版时间：2011 年 11 月 1 日
定　　价：32.00 元
参考年龄：1～4 岁

·联手国际著名童书作家共同打造送给孩子的晚安书·
·美国亚马逊网站月销售排行榜总榜第八名·

✓ 内容简介 Introduction

睡觉时间到了，黛拉的爸爸和黛拉道了晚安。可是黛拉怎么能去睡觉呢？她得先把樱桃猪、霹雳鼠和豆豆蛙哄睡着呀！

可这三个家伙哪里肯睡觉——"我有点不想睡觉。""我一丁点儿都不想睡觉！""我不光不想睡觉，还想一直跳、跳、跳！"樱桃猪说："我是不睡觉世界冠军！"霹雳鼠开始大叫："不睡觉世界冠军其实是我！"豆豆蛙呱呱叫："不睡觉世界冠军应该是我！"黛拉用什么办法才让他们睡觉的呢？

✓ 哈爸推荐 Recommendation

《晚安，月亮》和《不睡觉世界冠军一样》一样，都是睡前绘本，前者获得过无数荣誉。一只小兔子躺在床上。"晚安，房间。晚安，月亮。"他向这个灯光柔和的房间里所有熟悉的事物（三只小熊坐在椅子上的那幅画、座钟和短袜、小猫和手套，等等）一一道晚安。安静诗意的文字，与柔和平静、催人欲睡的画面，被称为"完美的睡前图画书"。

《晚安，月亮》好是好，但比较适合昏昏欲睡的孩子。《不睡觉世界冠军》更好玩，适合精力旺盛或想象力丰富的孩子。

为什么不睡呢？不睡的小家伙真的很让大人头疼。这本生动有趣、意境优美的晚安书，会让穿着小睡衣的小家伙，光着脚丫抱着玩具爬上床，然后一边听着妈妈讲故事，一边轻轻拍着玩具入睡。

几米的绘本大多是写给成人的，为什么给这本活泼而温馨的儿童绘本配图呢？我才想起，他也是一个十几岁孩子的爸爸嘛！

《小熊和最好的爸爸》

爸爸的故事爸爸讲

作　　者：[荷] 丹姆 著
译　　者：漆仰平，爱桐
出 版 社：贵州人民出版社
出版时间：2007 年 11 月 1 日
定　　价：35.00 元
参考年龄：1～4 岁

✓ 内容简介 Introduction

《小熊和最好的爸爸》共 7 册：

《世界上最好的爸爸》："来，该睡觉了。"熊爸爸说。可小熊一点儿也不困。他想出去找小朋友玩儿。"坏爸爸。"他小声嘟哝着，边说边踮起脚尖悄悄溜出家门。小熊特别想知道，是不是朋友们的爸爸都这么烦。

《看世界》：小熊对任何事物都感到好奇，他想了解所有的事情。"'到时候'是什么时候？比'待会儿'是早还是晚呢？""无论走到哪儿，'那里'都成为了'这里'"……软和硬，空和满，打雷和闪电，阳光和影子，开心与生气……小熊和爸爸一起有了许多神奇的发现。

《聚会》："宝贝儿，醒醒！今天会有很多朋友来玩。"小熊所有的朋友都来了，大家一起做游戏；扮演、画画接力、苹果赛、平衡……当然也有很多小插曲：

小驴不想玩刺驴,小海狸把大树"变"断了……

《做游戏》:"爸爸,咱俩一起做游戏吧!"熊爸爸和小熊一起发明了好多有趣的游戏:"踩脚丫儿","得儿,驾","一只蜜蜂飞过来","沙子是水,草很烫"……"爸爸,你是世界上最最好的伙伴!"小熊希望和爸爸的游戏永远都不结束。

《我长大了》:"爸爸快醒醒!我是不是已经长大了,可以捉鱼了?"这是一个让人兴奋的日子,熊爸爸要教小熊怎样捉鱼了,这可是第一次哟。在去湖边的路上,小熊不断地向爸爸展示自己已经长大了——他能找吃的,他会爬山,他还能咆哮着吓跑一头豹子。在湖边,一条鱼正好从小熊面前跳过去。小熊说:"我去把它捉回来!"然后……

《搬家》:"爸爸,我还从没见过这么大的雨,雨水都漫进洞里了!我们该怎么办呀?"爸爸和小熊不得不搬家了……是跟懒猴住在树上呢,还是和臭鼬住在洞里呢?小熊和爸爸找到满意的新家了吗?在新家的附近,小熊能找到新朋友吗?

《当厨师》:"爸爸,咱们今天吃什么呢?""爸爸,今天我来做饭吧!""你会做饭?"爸爸好奇地看着儿子。于是熊爸爸和小熊开始忙活,他们做了好多好吃的东西,有甜棕熊卷、烤土豆、香蕉汤,还有香喷喷的神秘面包,绝活可真不少。

✓ 哈爸推荐 Recommendation

如果有爸爸以"不知道怎么讲故事"为借口把绘本推给妈妈的话,那就给他这套书吧——爸爸的故事就让爸爸来讲。

瞧瞧这位"动感"十足的熊爸爸,大早上被孩子从被窝里叫起来,晚上星星都出来了才回家,上得山岗,下得厨房,这样忙不迭地陪孩子玩耍,而且对各种幼稚的、重复的甚至是危险的活动都亲力亲为还乐此不疲,这值得包括我在内的所有爸爸们学习!

与其看别人的《爸爸去哪儿》诸多感慨,不如抱着自家娃亲一个,乐一个,玩儿一个,还有,读一个。

《好啦，好啦》

当孩子说"好啦好啦"，心都醉了

作　者：[爱尔兰] 山姆·麦克布雷尼　文
　　　　[英] 伊凡·贝茨　图
译　者：杨玲玲，彭懿
出版社：北京联合出版公司
出版时间：2013年8月1日
定　价：32.00元
参考年龄：2～4岁

·《猜猜我有多爱你》作者最新作品·

√ 内容简介 Introduction

小熊宝宝为了学鸭子走路，不小心掉进坑里，摔破了膝盖，大熊爸爸给小汉斯一个大大的拥抱，然后说："好啦，好啦，你马上就好了。"小熊宝宝马上就不痛了，又接着出去玩了。每当小熊受伤后，大熊爸爸都会很耐心地对小熊说："好啦，好啦，你马上就会好啦"。而且，爸爸还会给他一个大大的拥抱，小熊宝宝认为爸爸的话最灵了，每次真的就不疼了。当爸爸在回家路上脚上扎了一根刺的时候，小汉斯就学爸爸的做法，先是给爸爸一个大大的拥抱，然后说："好啦，好啦，我们没事啦"，一切就又都好起来了。

✓ 哈爸推荐 Recommendation

《好啦，好啦》，一看书名就觉得很温馨。这个绘本的作者是山姆·麦克布雷尼。嗯，名字有点长，不好记。不过还是应该记一下的，因为这本书和《猜猜我有多爱你》是同一个作者。我喜欢这本《好啦，好啦》，正如我喜欢《猜猜我有多爱你》。画面一样的温暖，故事一样的简单。

"好啦，好啦"应该是我对小小哈说得比较多的词，因为他和其他小朋友一样总是会磕磕碰碰，或与其他小朋友闹矛盾。一般的摔倒，他其实都不会哭，自己爬起来。但若真的疼了，我或哼妈就要过去抱抱他，拍拍他，有时就说"好啦好啦，不哭啦"。像这个绘本里描述的那样，小小哈果真就好了，不哭了。

在小小哈还不会说话的时候，就有一个很得人喜欢的表现，就是当他看到别的小朋友或大人时，会通过抱抱并拍拍他人的方式与别人建立关系，因为我在家里就经常让他抱抱我、拍拍我。我自己觉得很受用。

不管是小孩还是大人，当他受伤或犯错后，不是先批评惩罚，也不是立马给出解决方案，而是应该解决情绪问题，给对方一个拥抱，说人类语言中最能抚慰人心的"好啦，好啦"，与对方感同身受，如此，大部分的问题其实都不是问题，都会自然而然地解决。

父母有了这样解决问题的方式，就不必把孩子囚禁在安全的牢笼中，不让孩子犯错，不让孩子受伤，而是让孩子以自己的方式体验世界，我们则在一边默默守候。孩子天生有极强的模仿能力，也能学会这样解决问题。

《爷爷一定有办法》

一份来自祖辈的爱

作　者：[加]菲比·吉尔曼 著
译　者：宋珮
出 版 社：明天出版社
出版时间：2013 年 4 月 1 日
定　价：32.80 元
参考年龄：2 ~ 5 岁

· 获得加拿大克力斯提先生书奖 ·
· 露丝·史瓦兹奖、维基·麦卡夫奖 ·

∨ 内容简介 Introduction

约瑟出生的时候，爷爷送了他一条蓝毯子，他很喜欢。随着他长大，毯子变旧变小了，妈妈建议他扔掉的时候，他说：爷爷一定有办法。

爷爷为约瑟做了一件奇妙的外套！后来外套又变得不合身了，爷爷用这件外套做了一件奇妙的背心！约瑟渐渐长大了，爷爷用小背心做成了一根奇妙的领带。蓝领带小了旧了，爷爷又用领带做出了一块奇妙的手帕。手帕还是变小变旧了，爷爷还是有办法将手帕变成一颗小小的奇妙的纽扣……

而每页占10%的最下面，是"楼板下的"小老鼠一家，他们也善于开动脑筋，勤劳智慧，把所有的零零碎碎缝制成自己喜欢的模样，把平常的日子装扮起来，日子很忙碌，也很幸福。

√ 哈爸推荐 Recommendation

这个故事源自一首古老的犹太民间歌曲。慈祥而智慧的爷爷，在一块布上把爱演得满满的。

我们就不说这是一个以环保节约为主题的绘本吧。我愿意把它说成又一个讲爱的故事，不同的是，这是一份来自祖辈的爱，也就是一份来自历史的爱，有别于父母和朋友的爱，细碎，但深厚。

然而现实却并不那么乐观。很多父母用工作繁忙要养家糊口等各样原因把孩子交给老人带。这对老人来说，是一个沉重的负担。老人在带孩子的过程中，生怕孩子磕着碰着或被其他孩子欺负，又怕孩子的父母责备自己。在教育孩子的事情上，父母和长辈发生冲突的情况，屡见不鲜。

然而我不是说老人不可以和我们一起住，哼妈虽然全职带小小哈，我妈妈还是和我们在一起。我妈妈很喜欢小小哈，正如小小哈很喜欢奶奶。

《憋不住，憋不住，快要憋不住了！》
怎么解决孩子的尿尿问题

作　　者：[日]土屋富士夫　文
译　　者：彭懿
出 版 社：贵州人民出版社
出版时间：2011年6月1日
定　　价：26.80元
参考年龄：2～5岁

✓ 内容简介 Introduction

　　这本书讲的是一个在梦中的小孩寻找厕所的故事。他到一个百货公司，想找个厕所尿尿。他遇上长颈鹿，被带到长颈鹿的厕所去，结果……他遇上蝙蝠，被带到蝙蝠的厕所去，结果……他遇上鬼精灵……最后好不容易找到一个适合自己的厕所，结果又被妹妹先占领了。当他终于找到一个厕所，尿尿后，大大松了口气，结果又是什么呢？

✓ 哈爸推荐 Recommendation

这是一本非常有意思的绘本,首先书名就足够有意思,而且梦里套着梦的内容也很有吸引力。小男孩英男因为憋不住尿要找厕所,一直找不到,就"急醒"了,然后就尿尿了。但作者让我们大大地吃了一惊,英男一边尿,一边想:"我也没有妹妹啊,再说,厕所怎么会在楼梯上?"……糟糕……可是,等他明白过来已经晚了。英男尿床了!

可能有更多妈妈是为了解决孩子尿尿问题而买的这本书。当然,这本书不会让怀有这样期待的妈妈失望。"憋不住"这个题材非常容易引起孩子的共鸣,尤其适合亲子共读,父母和孩子在哈哈大笑的气氛中把一些困窘的情况化解掉,既能给孩子增强自信,让孩子不必再为尿床的事过于紧张和焦虑,又能加强亲子关系。孩子看了之后,一般都会一边说着"憋不住了,憋不住了",一边去找厕所。

然而,更重要的是,这是一本有意思的书,是一本会让人从头笑到尾的书。这本书的译者说得好:"这么好笑的图画书,世界上也找不出来几本,估计没有老师敢在教室里给孩子们读这本图画书,因为孩子们一定会笑翻天吧。别去从中寻找什么深刻的内涵,没有,它不过是惟妙惟肖地刻画了一个被尿憋急的小男孩的心态,目的很单纯,就是让我们看了哈哈大笑。"

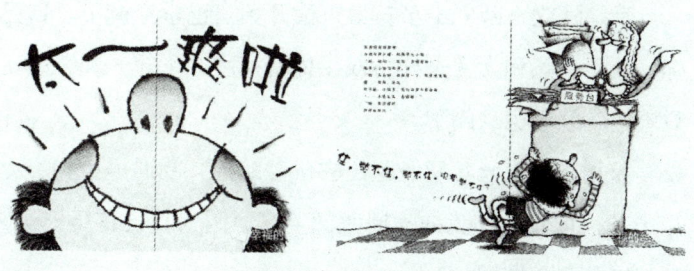

《阿立会穿裤子了》

学会独立穿衣可是一件了不起的事

作　　者：[日] 神泽利子 编/文
　　　　　[日] 西卷茅子 绘
译　　者：米雅
出 版 社：明天出版社
出版时间：2008 年 12 月 1 日
定　　价：29.80 元
参考年龄：2~5 岁

✓ 内容简介 Introduction

我是阿立，两岁半了！最近我开始自己学穿裤子。自己会穿裤子是我的目标，我希望能和大人一样，双手提着裤腰、举起一脚……可是每次我才提起一只脚，就站不稳跌倒了。

前几天，我光着屁股跑出去玩。路上，我遇见小狗、小猫、小老鼠、小牛和小马，它们看到我的光屁股都笑了，因为我没有尾巴。大伙儿还一起转身，竖起尾巴向我炫耀。

哎呀，我宁可穿裤子，也不要长尾巴！后来，我看到白鹤一只脚站着，于是决定学白鹤独立，没想到又摔了一跤，屁股坐在地上弄脏了。我只好回家去。在妈妈帮他洗干净屁股之后，妈妈要我穿裤子时，我又跌了一跤。我懒得爬起来，就躺着把脚伸进裤管里，咦，这不就穿起来了吗？哈！原来也可以这么穿裤子。

现在，我会自己穿裤子了！我穿上妈妈做的新裤子，去找所有的动物朋友。这次可轮到它们羡慕我了。

√ 哈爸推荐 Recommendation

这个小故事里有孩子们会心欢笑的大快活。虽然对成年人来说，这是一件不足挂齿的小事，可是，学习独立吃饭穿衣，在儿童眼里，可是一件件了不起的大事。用儿童的心理去体验生活，就能真正捕捉儿童的幽默。

《我爸爸》

我爸爸真的很棒

作　　者：[英]安东尼·布朗 文/图
译　　者：余治莹
出　版　社：河北教育出版社
出版时间：2007年4月1日
定　　价：29.80元
参考年龄：2～6岁

· 英国《妇女界》称许本书"全天下的父母和孩子都会爱上它"·
· 作者安东尼·布朗荣获2000年国际安徒生大奖，英国《卫报》称赞他是"天才"·

✓ 内容简介 Introduction

"这是我爸爸，他真的很棒！我爸爸什么都不怕，连坏蛋大野狼都不怕。他可以从月亮上跳过去。我爸爸吃得像马一样多。他像大猩猩一样强壮，也像河马一样快乐。我爸爸真的很棒！我爸爸像房子一样高大，有时又像泰迪熊一样柔软。他像猫头鹰一样聪明，有时候也会做一些傻事。我爸爸真的很棒！我爸爸是个伟大的舞蹈家，也是个了不起的歌唱家。他踢足球的技术一流，也常常逗得我哈哈大笑。我爱他，而且你知道吗？他也爱我！（永远爱我。）"

✓ 哈爸推荐 Recommendation

我若在小小哈心里是一个好父亲，很大程度上要归功于哼妈。

我还在公司上班的时候，每天出门去上班，哼妈就会抱着小小哈到门口送我。下班我回家了，哼妈就会抱着小小哈唱一首歌，这首歌的名字叫《我的好妈妈》，不过哼妈把"妈妈"改为"爸爸"唱给小小哈听：

"我的好爸爸，下班回到家，劳动了一天多么辛苦呀。爸爸爸爸快坐下，爸爸爸爸快坐下，请喝一杯茶，让我亲亲您吧，让我亲亲您吧，我的好爸爸。"

每当我听到哼妈这样唱的时候，心里充满了对哼妈的感激。我相信，在我不在场的更多时间里，哼妈也在给小小哈讲爸爸，爸爸没有缺席，不会说"爸爸去哪儿"。她这样做，即使我没有更多的时间陪小小哈，小小哈也会觉得他有个好爸爸。

哼妈这样向小小哈夸我，我也就努力朝着好爸爸的方向努力，我把做饭菜当作爱哼妈的一种方式，尽量不像布朗《朱家故事》里的爸爸只会享受而不体贴妈妈的辛苦，也尽量不像布朗《大猩猩》里只顾工作，不愿意与孩子说话的爸爸。我自诩是给小小哈洗澡最多的人，陪他玩耍，当然我也会给他讲布朗的《我爸爸》。

这个绘本用孩子的口吻，讲述了一位超人老爸，这位让孩子崇拜的爸爸不仅事事都在行、给孩子十足的安全感，而且又不失温柔。作者在图画中运用了许多太阳的形象来呼应爸爸阳光般的特质，不论是墙上、门上、袜子、钮扣上、盘子里的荷包蛋上，或是爸爸头上都不时出现"光环"。

布朗还创作了《我妈妈》，希望我们都能成为孩子心中的"我爸爸""我妈妈"。

《奥莉薇》

你爱把你累晕的小家伙吗

作　　者：[美] 福尔克纳　文/图
译　　者：郝广才
出 版 社：河北教育出版社
出版时间：2007 年 4 月 1 日
定　　价：29.80 元
参考年龄：2～7 岁

· 2001 年凯迪克银奖 ·
· 连续 48 周进入《纽约时报》畅销书排行榜前 10 名 ·

✓ 内容简介 Introduction

奥莉薇是一只小猪，她擅长很多事情，要说最拿手的一件事就是把人累昏，甚至常常把自己也累昏！她会涂妈妈的口红、穿上妈妈的高跟鞋照镜子，还会吓弟弟。要是出门，她还会把所有的衣服都拿出来穿一遍。晴天妈妈带她去海边，她会把自己晒成一条大热狗；下雨天，她则会去参观博物馆。她喜欢直直走到德加的《芭蕾排演》面前，那是她最喜欢的一幅画，她幻想自己有一天也能成为一名芭蕾舞演员。不过有一张画她老是搞不懂，就是波拉克的《秋天的韵律30号》，她对妈妈说，这样的画，我大概只要五分钟，就可以画一幅一模一样的。

回到家里,她就真的在墙上画了起来……

✓ 哈爸推荐 Recommendation

每个精力充沛的孩子都会喜欢《奥莉薇》。难道有精力不充沛的孩子吗?这样说来,每个孩子都会喜欢《奥莉薇》也不为过,尤其是小女孩。

小猪奥莉薇不仅精力旺盛,也创意十足,以N种方式把别人也把自己累晕。一大早就醒来,然后在床上,也在爸爸妈妈的身上磨来蹭去;但凡拿起彩笔,不管是在纸上,书上,茶几上,电视屏幕上,还是在雪白的墙上就是一通乱画;若是玩游戏,非得把所有的玩具都拿出来,撒满地板;从早到晚都想着离开家,到外面玩;到了睡觉的关头,又迟迟不愿睡觉,在要读几本书的事情上与妈妈讨价还价……

对于这只小猪的所作所为,是不是会觉得跟我们自己家里的小猪很像,是不是也会感叹:我们家也有这样一头小猪?

读《奥莉薇》,我会想起《大卫,不可以》。大卫和奥莉薇一样,都是精力十足的孩子,如果说有区别,一个是男孩,一个是女孩。可能在我们大人看起来,大卫的精力都花在捣蛋上,而奥莉薇玩得比较有创意。但,或许在孩子那里,捣蛋就是创意,创意就是捣蛋。

这两个绘本的结尾也出奇地相似。大卫的妈妈说:"大卫,我爱你。"奥莉薇的妈妈说:"小可爱,你知道你快把我累晕了吗?不过妈妈还是好爱你!"

不管我们把孩子的玩耍看成捣蛋还是充满创意,我们都爱着我们的小宝贝,因为我们累并快乐着。

 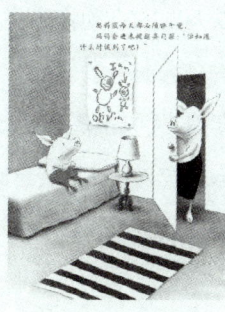  

《小熊布迪亲子阅读绘本系列》

成为"总有好办法"的专业父母

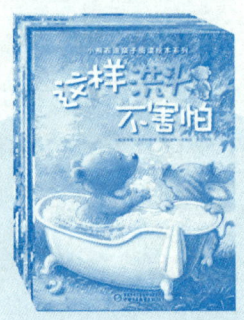

作　　者：[德] 哥里塔·卡罗拉特 著
　　　　　[德] 苏珊娜·麦斯 绘
译　　者：武正弯，隗斌 等
出 版 社：中国少年儿童出版社
出版时间：2013 年 7 月 1 日
定　　价：100.00 元
参考年龄：2 ~ 7 岁

✓ 内容简介 Introduction

针对2~7岁儿童生活中遇到的具有普遍性的问题，比如怕洗头、睡不着觉、妈妈不在就捣乱、不爱收拾屋子等等，以天真的小动物为主人公形象，作者创作了既有趣好玩又有很强实用性和教育性的绘本故事。

本系列共10册，包括《这样洗头不害怕》《收拾屋子，一点儿不难》《和好朋友来分享》《睡不着觉，有办法》《快乐地说再见》《第一次换牙》《帮助好朋友》《妈妈不在家》《坏情绪，走开》《小熊布迪和圣诞愿望》。

√ 哈爸推荐 Recommendation

两个小朋友吃饭，一个在餐椅上左挪右转，妈妈不停地递给他各样玩具，间或得以喂进一口，另一个小朋友专心地听妈妈重讲前晚的绘本故事，乖乖吃饭。这种差异在接下来的洗澡、睡觉中持续出现。

我想说的是，有一些绘本，其实是借着孩子写给父母的，这样的绘本确实是能够帮助年轻父母成为"总有好办法"的专业父母的。

如果孩子不愿意看书读绘本，那父母就先读起来吧。

《贝贝熊系列丛书》

怎么解决生活和学习上遇到的每个问题

作　　者：[美]斯坦·博丹　文
　　　　　[美]简·博丹　图
出 版 社：新疆青少年出版社
出版时间：2011 年 9 月 1 日
定　　价：701.00 元
参考年龄：2～10 岁

· 行销世界许多国家，累计销量超过 2.4 亿册 ·
· 销售量及畅销时间均为少儿读物世界之最 ·

∨ 内容简介 Introduction

贝贝熊一家虽然和睦友爱，但在对子女的教育上也存在很多问题。比如熊哥哥和熊妹妹啃指甲、懒惰、不愿完成作业、乱花钱、迷恋电视等等。贝贝熊一家的教育方式是不动声色的身教，不讲太绝对的道理，而是运用暗示的、幽默的、正面鼓励的、换位思考的方法。这些方式中着实蕴藏着教育的智慧和人类的爱心。

孩子们可以有零用钱，但必须学会理财；孩子也参加各种学习班，但也要找回轻松；孩子可以去朋友家参加睡袋晚会，但必须担起责任；孩子会为了圣诞节礼物欣喜甚至疯狂，但也明白了给予才是快乐的真谛……

小熊哥哥太专注体育而成绩下滑，熊爸爸也大发雷霆，但随后不再是关他禁闭，而是全家一起帮助他提高成绩；小熊妹妹因为要上台演出紧张不已，熊妈妈也安慰她，但不是劝她不要紧张，而是告诉她紧张是正常的，连大明星也会紧张……

√ 哈爸推荐 Recommendation

88册，真是挺多的，但孩子不嫌多。因为这套绘本，无论在立意上，画面上，还是文字上，都堪称经典。

贴近生活、真实生动的故事是孩子最好的启蒙老师，孩子们在故事里看见自己的生活和成长，烦恼和快乐，并学习管理自己。这套绘本把生活与学习上遇到的问题都融入每一个故事，让孩子变得积极主动更自律，家长则可以找到更轻松、更行之有效的教育方法。之所以销量那么好，看来是有道理的。

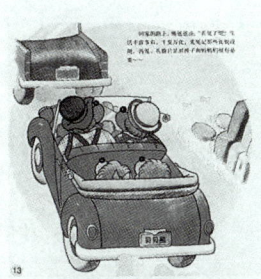

《学会爱自己》

保护自己的重要一课

作　　者：[美] 克雷文 著
　　　　　[美] 柏斯玛 绘
出 版 社：青岛出版社
出版时间：2010 年 12 月 22 日
定　　价：36.00 元
参考年龄：3～7 岁

· 本杰明富兰克林亲子教养类奖，纪录片《不要随便摸我》获得艾美奖 ·
· 是美国很多家庭和学校对孩子进行性保护教育的教材 ·

✓ 内容简介 Introduction

《学会爱自己》共 3 册：

《不要随便摸我》是教给孩子进行自我性保护的图书。书中教给孩子自己身体的哪些隐秘部位是任何人都不能随意触摸的，以及遇到性侵犯时该如何处理。

《不要随便亲我》里的小姑娘长得很可爱，父母的朋友们到家里做客时，都喜欢亲亲她，其实她不喜欢被这些人亲，星期一来的阿姨满口大蒜味、星期二来的叔叔胡子拉碴、星期三来的奶奶总是围着一条可怕的狐狸围巾、星期四来的伯伯一口黄牙……小姑娘为了拒绝他们的亲吻，把自己变成了一头大象，对他们说："以后，你们都不许随便亲我，要是你们不答应，我就让你们尝尝被大象亲吻的滋味！"

《不要随便跟陌生人走》不光告诉孩子不能跟陌生人走，还介绍了一些应对危机的方法，比如：如果遇到危险的事情，要马上跑回家；如果觉得别人要对自己做什么坏事，就去按附近人家的门铃，或者向周围的大人求救。但是，如果离家很远、按了门铃没人应答、周围也没有大人，那怎么办呢？有一个很好

的办法，就是大声地吹哨子……还有，遇到奇怪的事情，一定要告诉老师，或者妈妈，不能自己窝在心里。

√ 哈爸推荐 Recommendation

爱自己的一课，自我保护的一课，自主思考的一课，学会说"不"的一课，安全意识的一课。

值得一提的是，男孩子也应该看这套书。在世界上的许多国家，男孩也是性侵犯的对象。在中国，这种现象也是存在的。

《妈妈的红沙发》

我与妈妈共同的梦想

作　　者：[美]威廉斯　文/图
译　　者：柯倩华
出 版 社：河北教育出版社
出版时间：2007年4月1日
定　　价：29.80元
参考年龄：3～7岁

· 荣获1983年凯迪克银奖 ·

✓ 内容简介 Introduction

　　小女孩和妈妈买鞋回家后，发现家门前停了消防车，浓烟及大火吞蚀了家中的一切，还好外婆和猫咪都没有事。外婆说："幸好我们还年轻，可以从头开始。"于是外婆、妈妈和孩子三代人开始了努力攒钱重建家园的过程。

　　妈妈辛苦工作赚的小费、小女孩削洋葱洗瓶子打工的钱、外婆买菜时努力讨价还价节省开支的钱，都存在一个很大的玻璃瓶里，三个人共同的梦想是买一个布满玫瑰图案的绒布沙发，一张全世界最棒的沙发。

　　当她们搬新家的时候，街坊邻居和亲戚们全都来帮忙，有的送披萨、冰淇淋，有的送窗帘，有的送地毯，有的送餐具，还有的送玩具，然而令人感动的是，她们得到了许多掌声，倍感温馨。

当瓶子里的铜板攒满了，她们终于攒够钱买了一个漂亮的、舒服的红沙发，如愿地拥有了梦想中的沙发。白天，外婆坐在沙发上和窗外走过的人聊天，妈妈下班回来后坐在沙发上看电视新闻，小女孩挤在妈妈的怀里睡着了！

√ 哈爸推荐 Recommendation

有些孩子会觉得奇怪，为什么发生了这么重大的事情，书里只有"我、妈妈、姥姥"，爸爸呢？爷爷奶奶呢？虽然这并不是一个以单亲家庭为主题的绘本，但我在做公众号的过程中，当有些单亲妈妈问我有什么合适的书时，我还是会把这本书推荐给她。

这本书里有一个超级大的瓶子，肯定能吸引孩子的注意力。我想起亲子教育专家付小平的一篇文章《让孩子学会理财》里提到的一个教孩子开源节流的办法：给孩子准备一个记账本，固定一个时间给孩子发放零花钱，零花钱是否发放以及是否足额发放，主要根据孩子的账本和现金是否匹配。

这个绘本还含有一本导读手册，详细介绍了美国凯迪克图书奖的历史与意义，可以看一看。

《迟到大王》

你要站在孩子这一边

作　　者：[英]柏林罕　编绘
译　　者：党英台
出 版 社：明天出版社
出版时间：2013 年 11 月 2 日
定　　价：33.80 元
参考年龄：3～7 岁

∨ 内容简介 Introduction

约翰派克罗门麦肯席走在上学的路上。注意，他每次都是急急忙忙地走在上学的路上。他走得多么专心，目不斜视，脚步匆匆。但是，他却一次又一次地迟到，成了迟到大王！

为什么呢？因为，在路上他遇到咬他书包的鳄鱼、咬破他裤子的狮子和凶猛的巨浪，这是不是真的呢？总之老师肯定是不会相信的。

直到有一天，老师叫着说："约翰派克罗门麦肯席！我被一只毛茸茸的大猩猩抓到屋顶上来了，你快想办法救我下去！"原来老师也会遇到相同的事情！

结果，约翰派克罗门麦肯席反讽地说："老师，这附近哪里会有毛茸茸的大猩猩？！"

√ 哈爸推荐 Recommendation

专家们的专业点评中已经详尽地阐述了这本绘本对僵硬的学校教育和封闭的成人"知识"的讽刺与批判。

作者约翰·伯宁罕曾是著名的英国夏山学校的学生，在这里自由而快乐的童年，影响了这位经典的儿童本位的图画书作家的一生。那我就引用夏山学校创始人尼尔的办学信条来作为推荐语吧："你要站在孩子这一边。"

《要是你给小老鼠吃饼干》

—— 那只精力旺盛的小老鼠活脱脱就是亲爱的宝贝啊 ——

作　　者：[美] 劳拉·努梅罗夫
　　　　　[美] 费利希亚·邦德　绘
译　　者：任溶溶
出 版 社：吉林出版集团有限责任公司
出版时间：2011 年 3 月 1 日
定　　价：29.80 元
参考年龄：3～7 岁

· 入选纽约公共图书馆"每个人都应该知道的 100 种图画书" ·
· 入选美国全国教育协会推荐 100 本最佳童书 ·

✓ 内容简介 Introduction

一只穿着背带牛仔裤、背着绿色小书包的小老鼠，走近一个坐在院子里吃饼干、看图画书的小男孩。

这时如果他给了小老鼠一块饼干，会发生什么事呢？

如果你请老鼠吃饼干，他就会跟你要一杯牛奶。你给他牛奶，他一定会跟你要吸管。喝完牛奶，他就会要手巾。抹过了嘴，他就要照镜子，看看嘴上有没有留下牛奶胡子。一照镜子，他就会说头发也该剪了。他一定会跟你要一把剪指甲的小剪子。他给自己剪过头发，就会开口要扫帚扫地。他会认真地扫起地来，会越扫越起劲，把所有的房间都扫过，还会卖力地拖地板。干完了，他一定会想睡个觉。你就得替他弄个小盒子当小床，还得有枕头，有小被子。

他会爬上他的床，看看怎么躺才舒服，还会一遍又一遍地拍松他的小枕头。他一定会叫你念个故事给他听。你依他的意思，给他念你的一本图画书，他就会叫你让他看里面的插图。他一看插图，高兴起来，就会说自己也想画一幅。他会跟你要纸、要蜡笔。他会认真地画一幅图画。画完了，他要签名，就会跟你要一支钢笔。签完名，他就会说想把他的图画挂在你的冰箱上。他的意思是叫你帮他找透明胶带。他贴好了图画，就会退后几步，站着欣赏。他看着冰箱，就会想起——他有点口渴。当然啦，他会跟你要一杯牛奶。

他一开口要牛奶，八九不离十，一定还会要一块饼干，好让他就着牛奶一起吃。

√ 哈爸推荐 Recommendation

就像多米诺骨牌，故事环环相扣，结束之处也是开始之时，最后精力旺盛的小男孩终于被比他更加精力旺盛的小老鼠折腾得累趴下，精疲力尽地睡着了，而老鼠却又精神头十足地吃起了饼干。

那只小老鼠活脱脱就是我们亲爱的宝贝。或许这就是它畅销至今的原因吧！

《吃掉黑暗的怪兽》

―― 让孩子不怕黑,快乐入睡 ――

作　　者:[英]乔伊斯·邓巴 著
　　　　　幾米 绘
译　　者:彭倩文
出 版 社:新星出版社
出版时间:2012 年 10 月 1 日
定　　价:36.00 元
参考年龄:3~7 岁

· 幾米的首部儿童绘本 ·

✓ 内容简介 Introduction

小男孩球球不喜欢黑漆漆的床底下,总觉得那里藏着什么怪兽。这一回,那里真的有个小小的怪兽哦!这只怪兽老是觉得身体里有个大洞,让它觉得好饿、好饿。不过,这个怪兽什么也不吃,除了黑暗。怪兽吃光了所有的黑暗,可它还是觉得好饿、好饿。最后,怪兽寂寞地坐在一个没有黑暗的星球上,听到了地球上传来的球球的哭声……

√ 哈爸推荐 Recommendation

孩子总有怕黑的那个年龄段,这本绘本就是为此专门定制的。黑暗并不可怕,甚至有时还很温柔可爱。有了黑暗,光明才真正的可贵。这套书目的很简单,就是让孩子不再怕黑,快乐入睡!

《菲菲生气了》

再也不用担心孩子发飙了

作　　者：[美]班（Bang，M.）著/绘
译　　者：李坤珊
出 版 社：河北教育出版社
出版时间：2009年3月1日
定　　价：29.80元
参考年龄：3～7岁

✓ 内容简介 Introduction

菲菲生气了。她的姐姐抢了她的玩具，她的妈妈认为，是该姐姐玩了。妈妈这样说，菲菲就更生气了。她大叫，扔东西，咆哮。菲菲离开了家，一个人跑到外面发脾气。她一直跑，一直跑到再也跑不动。然后，她坐在一块大石头上哭了一会儿！她看看石头，看看大树，又看看灌木丛里的小花，又听见了鸟叫。她抬头看看蓝天和白云，微风轻轻吹着她的头发，摸着她的脸蛋……菲菲感觉好多了，她慢慢地往家里走去！屋子里暖暖的，香香的，看见菲菲回来，每个人都很高兴。一家人又在一起了，菲菲也不再生气了。

√ 哈爸推荐 Recommendation

有不少哈友都问过我一个问题："我家孩子动不动就发脾气,喜欢生气,怎么办呀?"其实关于生气、愤怒的主题绘本不少,《菲菲生气了》《生气汤》《我变成一只喷火龙》《生气的亚瑟》《杰瑞的冷静太快》等等。

我以为《菲菲生气了》对生气这种情绪描绘得最为细腻形象,如果要调节某种情绪,先对它有所理解是必须的。作者以言简意赅的文字和极具表现力的图画,直接抓住抽象的情绪,直观形象地把它呈现了出来,让每个小朋友都知道这样不快乐与情绪化,是每个人都会遇到的。虽然大家都无法去完全地掌控自我的过度情绪化,但是可以去了解它、正确看待它。

作者对这个过程形象细腻的描画,加上对孩子心理感受贴切的了解,使得小读者自然而然地认同了菲菲,也毫不设防地进入情节与氛围的中心,同时获得了阅读的乐趣以及对情绪历程的了解!

对生气有所认识之后,再寻求排解之道。《菲菲生气了》的办法是让孩子自己到外面走一圈,感受一下大自然。不同的孩子有不同的办法,在《杰瑞的冷静太空》里,杰瑞的办法是在自己的房间里建一个名为"冷静太空"的小角落。《生气的约瑟》的办法是让约瑟生气个够(小小的亚瑟足足发了两个单页和十个跨页的脾气)。《生气汤》里霍斯和妈妈是煮一锅汤,对着它大吼大叫、瞪眼吐舌头,不知不觉间愤怒被排解了……

有些孩子可能也会通过玩玩具,画画,看一会儿书,和其他小朋友玩耍等方法排解情绪。方法很多,但前提是父母需要接纳生气的孩子,让孩子认识自己的情绪。

《歪歪兔逆商教育系列图画书》

做内心强大的自己

作　　者：歪歪兔关键期早教项目组
　　　　　（陈梦敏文）　编绘
出 版 社：海豚出版社
出版时间：2012 年 10 月 1 日
定　　价：80.00 元
参考年龄：3～7 岁

· 作者为冰心文学奖、信谊图画书奖、台湾儿童文学牧笛奖获得者 ·

√ 内容简介 Introduction

该书系统地梳理了孩子进入幼儿园或小学以后，面对新环境，普遍会遇到的重大逆商问题，旨在通过想象力丰富的故事和清新的图画，引导孩子学会面对不可避免而又容易被家长、老师习焉不察的种种境遇与内心。

这套绘本共10册，包括《山羊老师是怎么回事——如何面对忽视和冷落》《一点儿也不好玩——如何面对欺负和嘲弄》《捣蛋鬼不捣蛋了——如何面对误解和委屈》《了不起的愿望——如何面对拒绝》《坏运气跟屁虫——如何面对错误》《不一样的耳朵——如何面对批评》《他们的秘密——如何面对怯场》《令人沮丧的事儿——如何面对失败》《街上流行黄裙子——如何面对攀比》《最好的朋友——如何面对分歧》。

✓ 哈爸推荐 Recommendation

孩子第一次走出家庭，进入幼儿园这个小社会，会突然失去在家庭环境中的中心地位，不再是唯一的被关注对象，所以，当我们给孩子准备好小书包时，就需要准备好帮助他们应对人生的第一次逆境和挫折，比如因被拒绝而缺乏朋友；因被欺负、被批评而感到自卑；容易与小朋友攀比，产生嫉妒心；不敢面对失败，公共场合怯场……

我推荐这套绘本，是因为它关注的不是如生病、父母离异、亲人去世、搬家之类个性化或个人化的问题，而是涉及孩子进入幼儿园和小学后普遍会遇到的一些重大主题，尤其是在一个社会化环境中人与人之间相处的问题。孩子碰到挫折的普遍生理反应是攻击或退却？心理反应是焦虑或压抑？因此，围绕孩子必然碰到的普遍性问题，预先进行逆商教育，是十分有必要的。

另外值得一提的是，歪歪兔是中国原创绘本，他们有志向把歪歪兔打造成中国原创绘本第一品牌。

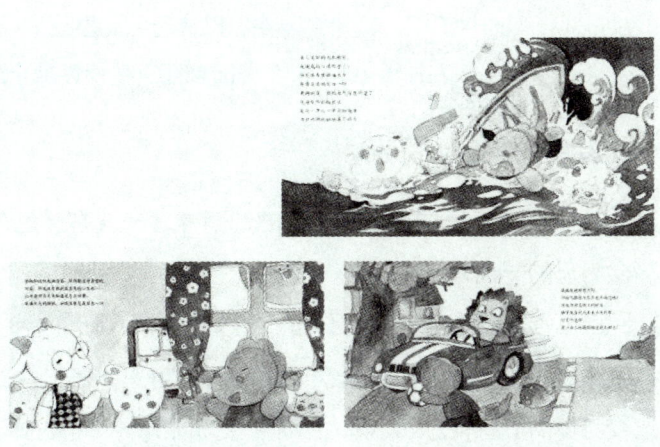

《巴巴爸爸》

你想有一个会变来变去的爸爸吗

作　　者：[法]缇森·泰勒　著
译　　者：谢逢蓓
出 版 社：接力出版社
出版时间：2010年1月1日
定　　价：120.00元
参考年龄：3～7岁

· 出版于1970年，一问世就获得了英国文艺评论界权威的赞誉 ·
· 并在博洛尼亚书展上受到广泛好评 ·
· 1975年，联邦德国将巴巴爸爸的故事改编成动画片 ·
· 并于1981年在美国首播，很快风靡全球 ·

✓ 内容简介 Introduction

　　20世纪80年代，中国最著名的动画片之一就有《巴巴爸爸》，陪伴了如今为父为母的一代人。

　　巴巴爸爸总是用平和的心态处理生活中的一切问题，他是全世界唯一的可以变来变去的爸爸，只要一声"可里可里可里，巴巴变"，就可以随心所欲地改变身体的形状，变成大坝、变成桥、变成帐篷……巴巴爸爸一家的和睦、温馨、相亲相爱，温暖着全世界人们的心灵。

前10册包括《巴巴爸爸建新家》《巴巴爸爸找巴巴妈妈》《巴巴爸爸的诞生》《巴巴爸爸回到地球》《巴巴爸爸的学校》《巴巴爸爸的火星旅行》《巴巴爸爸搬大树》《巴巴爸爸去度假》《巴巴爸爸和圣诞礼物》《巴巴爸爸的马戏团》。

√ 哈爸推荐 Recommendation

我刚开始做微信公众号"经典绘本"时,每天提供一集《巴巴爸爸》的视频,放在百度云上供大家下载。

那时关注的人不是很多,但每集下载的次数却不少,而且每天都有人盼望更新。这对一个作者来说,能赢得这么多人的翘首以盼,无疑是很幸福的事情。起点中文网上的那些"大神"级作者不都是在网友的"催更"中成长起来的吗?

我虽然不是作者,但作为传播者,也觉得是很荣幸的事情,因为觉得自己把美好的东西传递给了大家。我想,这也是我编写这份书单最为重要的动力吧。

愿每个爸爸,都是那个温和、欢快、有办法、带领全家前进的"孩儿他爹"。

《查理与劳拉》

给自己一个生二胎的理由

作　　者：[英]乔尔德　编/绘
译　　者：杨玲玲，彭懿
出 版 社：接力出版社
出版时间：2013年4月1日
定　　价：225.00元
参考年龄：3～9岁

·英国格林纳威童书大奖，英国诺福克童书奖·
·最佳英文儿童图画书奖入围·
·台湾"联合报读书人"年度最佳童书奖·

∨ 内容简介 Introduction

"查理与劳拉"系列共15册，讲述了古灵精怪的妹妹劳拉总是先惹出些麻烦，然后又一脸无辜，让人又好气又好笑。与一般图画书不同的是，在这一连串的麻烦事件中，劳拉父母并未出现过。疼爱妹妹、耐心十足的哥哥查理，以各种幽默点子代替管教。

比如在《我绝对绝对不吃番茄》中，劳拉是一个非常挑食的家伙，她不吃胡萝卜、不吃豌豆、不吃土豆，而她绝对绝对不吃的，是番茄！查理哥哥想尽办法哄劳拉吃饭，他告诉劳拉：胡萝卜是木星上的橘树枝，豌豆是从绿色王国来的绿色小圆球，土豆泥是富士山顶的云朵……查理充满想象力的解说，让劳拉不知不觉地爱上了蔬菜。

比如《说茄子！》，劳拉的学校要拍学生照了，妈妈说，这会是一张非常特别的照片，就看劳拉能不能干干净净的了。接下来就明白劳拉的妈妈为什么会有这样的要求了。第二天，劳拉收拾好，戴上漂亮的发卡，穿好漂亮的衣服，准备去学校拍照，她绕过一个个水坑，可当上课铃声响起时，她还是踩在了水坑里。接着喝牛奶弄了一身，画画弄了一脸，甚至最后还掉了发卡。即便如此，她还是露出了她最最灿烂的笑容！最后劳拉虽然没能拍出一张让妈妈高兴的"干干净净"的照片，可查理哥哥想到了办法，他们一起把劳拉照片中干净的部分剪下来，拼成了一个新的照片，"干干净净"的照片。劳拉还得到了妈妈的肯定，"劳拉确实是一个非常会笑的人。"

✓ 哈爸推荐 Recommendation

查理对付难搞的劳拉经常有自己的好方法，难怪著名图画书评论人彭懿说：与传统与经典背道而驰的罗伦·乔尔德，却赢得了孩子们的掌声！

每一本都好看，每一本都值得好好看。绘画、实物、童趣、想象完美结合，传统的主题，以现代感又犀利的风格来诠释，所以这本书被读者认为是"最叛逆、最幽默、最具想象力的图画书"。

我想，看过的男孩，都想有个妹妹，看过的女孩，都想有个查理一样的哥哥，而看过的大人，都想有这么一对宝贝吧。

   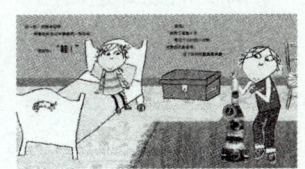

《獾的礼物》

你能给世界留下什么礼物呢

作　　者：[英] 华莱　编绘
译　　者：杨玲玲，彭懿
出 版 社：明天出版社
出版时间：2008 年 8 月 1 日
定　　价：31.80 元
参考年龄：4～99 岁

✓ 内容简介 Introduction

獾是一个让人信赖的朋友，他总是乐于助人。他已经很老了，老到几乎无所不知，老到知道自己快要死了。

这天晚上，他对月亮说了声晚安，拉上窗帘。他慢慢地走进地下的洞穴，那里有炉火。吃完晚饭，他写了一封信，然后就坐在摇椅上睡着了。他梦见自己在跑，前面是一条长长的隧道。他越跑越快，最后觉得自己的脚离开了地面，觉得自由了，不再需要身体了。

第二天，狐狸给大家念了獾留下来的信：我到长长的隧道的另一头去了，

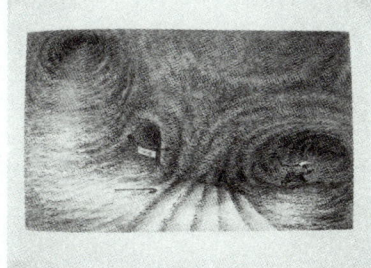

再见!

下雪了,雪盖住了大地,但盖不住大家的悲伤。

春天渐渐临近,动物们开始串门,大家又聊起了獾还活着的日子。鼹鼠告诉大家獾是怎样教他剪纸的,青蛙告诉大家他是怎样跟獾学溜冰的,狐狸想起了獾教他系领带……这些技艺,都是獾留给他们的礼物,这些礼物让他们互相帮助。

最后雪融化了,也融化了他们的悲伤。在一个温暖的春日,鼹鼠爬上他最后一次看到獾的山坡,他要谢谢獾给他们的礼物。他轻轻地说:"獾,谢谢你。"

✓ 哈爸推荐 Recommendation

这是我经常遇到的一个问题,就是孩子心爱的人死了,让我推荐一些有关死亡和生命的绘本。我会推荐《一片叶子落下来》和《爷爷变成了幽灵》。当然,还有这本《獾的礼物》。

对孩子来说,相比"叶子",他们更乐意接受动物。如果离开的人不是爷爷,推荐《爷爷变成了幽灵》就不那么合适了。

死亡是个很沉重的话题,对孩子来说就更是如此。有些爸爸妈妈可能会觉得要不要这么早让孩子触及这个话题。我以为是很有必要的,其实我更希望孩子在经历心爱的人死之前,就和父母一起看过这个绘本。让孩子了解死亡并不可怕。

说点题外的话,那就是如果我们大人做个像"獾"那样的人,和孩子一起快乐地生活,等到离开时,这些快乐的经历就会像礼物一样深存在孩子心里。

《活了100万次的猫》

爱过，才算活过

作　　者：[日]佐野洋子 著
译　　者：唐亚明
出 版 社：接力出版社
出版时间：2004年10月1日
定　　价：28.00元
参考年龄：4～99岁

·2005年日本学校图书馆协议会第23次"好图画书"奖·
·日本学校图书馆协议会选定图书·

∨ 内容简介 Introduction

一只漂亮的虎斑猫。有100万个人宠爱过这只猫，有100万个人在这只猫死的时候哭了。可是猫连一次也没有哭过。

它曾是一只被利箭射死的国王的猫，曾是掉落海里淹死的水手的猫，曾是被锯成两截儿的魔术师的猫，曾是被狗咬死的小偷的猫，曾是老死的老太太的猫，曾是被勒死的淘气小姑娘的猫……100万次的死去又复活，猫一次也没有哭过。

有一天猫不再是别人的猫了，成了自己的猫，它太喜欢自己了，它是一只漂亮的野猫。不管哪一只母猫,都想成为他的新娘。可是猫只喜欢一只不太在意他的白猫。白猫和他生了好多可爱的小猫,猫喜欢白猫和小猫们,胜过喜欢自己。

小猫们长大了,一个个走掉了,白猫慢慢老了,猫对白猫更温柔了,他多想和白猫一起永远活下去呀。有一天,白猫静静地躺倒在猫的怀里一动也不动了。猫抱着白猫,流下了大滴大滴的眼泪,他头一次哭了。

猫从早到晚哭了有100万次。一天中午,猫的哭声停止了。猫静静地,一动不动地躺在了白猫的身边。猫死了再也没有活过来。

√ **哈爸推荐** Recommendation

书名够夸张,又有悬念,应该马上就能抓住孩子的好奇心。

这本书教孩子做自己,教父母让孩子做自己,你爱他未必是他喜欢的,你爱他,他死了,你难过,他不难过,就跟白活一次一样,所以活了100万次也是白活。只有他自己真正地爱过一次,才没有白活,才是做了自己。

至于绘本里"爱情价更高"的部分,我想要到那么一天,孩子才会懂吧。那一天,他懂了梁祝,懂了罗密欧与朱丽叶,也便懂了这只为白猫嚎啕大哭的黑野猫了。所以,这本书的上限,我列为99岁,或者更高。

第三篇

健康快乐是
宝宝最重要的

...

培养良好的生活习惯、态度和性格，建立优秀的品格，管理好情绪，让孩子用心体察大自然和社会，爱上自己和周围的环境……

在绘本阅读的潜移默化中提高孩子的情商。

《米菲绘本》（第一辑）

一只来自荷兰快乐生活的兔子

作　　者：[荷]布鲁纳　著
　　　　　童趣出版有限公司　编译
出　版　社：童趣出版社（当当书友会）
出版时间：2009年2月1日
定　　价：128.00元
参考年龄：0～3岁

· 被翻译成四十多种语言，陪伴了一代又一代孩子的婴儿期 ·
· 日本绘本之父松居直推荐的"孩子的第一本图画书" ·

✓ 内容简介 Introduction

米菲绘本系列共6册，讲述了小兔米菲的日常生活故事——去海边、去动物园、去做客、过生日、生病了等等。故事很简单，很温馨，有欢乐，有伤心，有困难，有胜利……作者以简洁但韵味十足的文字，简单、平静但传神的图画塑造出了一个快乐生活着的幼儿形象。它能教会0～3岁小朋友很多必不可少的生活知识与生活态度。

✓ 哈爸推荐 Recommendation

在我家客厅，有两个五层书架，里面全是小小哈的绘本童书，可是每次小小哈拉着我的食指带我找他要读的书时，我还是觉得他的书太少，所以时不时我们家会收到一个硕大的纸箱，里面会是我给小小哈选购的绘本。

1岁半左右，哼妈给我的购书指南是：每页不能多图文，每个故事不能过长。

好吧好吧，那就米菲吧，嘴上画着一个×，永远从正面看着你的那只可爱的小兔子。最简单的线条，最少的色彩，最简洁、最有韵律的文字来讲述一个简单的故事。

这本书只有纯粹的几种单色，却产生了强烈的视觉冲击，它以大色块勾勒形象，便于宝宝迅速记忆。同时，利用色彩学中的情感共鸣，选择合适的颜色来表达情绪、冷暖等感观体验。

不完美的米菲兔有着自家小孩一样的性格特征，喜怒哀乐一应俱全，孩子在小手指的游走间会传递，"没错，我也是这样的"。

有的书里，竟然连一个字也没有，没关系，当妈妈天马行空把故事编得美美的时候，孩子正支楞着小耳朵呢。有一天，你会发现孩子也会自己给小米菲编排故事了。

《小熊宝宝绘本》

你是那个乖乖小熊宝宝吗

作　　者：[日]佐佐木洋子 文/图
译　　者：蒲蒲兰
出 版 社：连环画出版社
出版时间：2007年5月1日
定　　价：75.00元
参考年龄：0～3岁

· 佐佐木洋子代表作 ·
· 不断加印的畅销幼儿图书 ·

✓ 内容简介 Introduction

绘本共15册，包括：《洗澡》《刷牙》《睡觉》《散步》《你好》《午饭》《谁哭了》《收起来》《好朋友》《尿床了》《拉屁屁》《过生日》《我会穿短裤啦》《大声回答"哎"》《排好队一个接一个》。

以《睡觉》为例：打哈欠了，困了，宝宝，该睡觉啦！小熊睡了，小老鼠也睡了……你挨着我，我挨着你，大家一起睡着了。被子盖得好好的，不会着凉，不会感冒。咦，玩具都哪儿去了？它们也睡觉了吧。安安静静的，舒舒服服的，宝宝，乖乖睡吧！

哈爸推荐 Recommendation

总是会被妈妈们问到"我该给宝宝看哪些绘本",这真是个极困难也是极简单的问题。

极困难是因为,这个世界还有谁会比妈妈更了解自己的宝宝呢?如果连妈妈都不知道的事情,应该是个天问吧。

极简单是因为,给幼儿挑选绘本比给儿童挑简单得多:(1)画面简洁;(2)内容不超过20页;(3)里面有孩子所熟悉的和感兴趣的东西或事物,再就是含有家长希望的孩子品格习惯建立的内容。

小小哈昨天撵狗追猫,哼妈就和他看《最可爱的猫猫狗狗》;小小哈今天晚上总指着月亮给我们看,哼妈就和他看《月亮的味道》;小小哈今天尿床了,哼妈就给他看《小熊宝宝绘本》之《尿床了》,他看完最后一页,一定会像小熊一样不停地指着自己的纸尿裤……

所以,我之所以推荐这套小熊宝宝系列,原因也一目了然了。

《大象小不点》
快乐地做自己

作　　者：[奥]莫泽尔
译　　者：赵远虹
出 版 社：南海出版社
出版时间：2011 年 11 月 1 日
定　　价：59.60 元
参考年龄：1～4 岁

·奥地利儿童文学奖荣誉奖得主埃尔温·莫泽尔代表作·

✓ 内容简介 Introduction

《大象小不点》共4册，包括4个独立又连续的故事：《小不点走丢了！》《小不点的新朋友》《小不点的大冒险》《小不点回家了！》。

全书围绕一只名叫小不点的"迷你"大象展开，它出生没多久就和象群走散了，从来没见过自己的爸爸妈妈，也不知道自己是谁。为了寻找家人，小不点开始了一场充满挑战的冒险之旅。

在寻找父母的过程中，"小不点"遇到了爱它的养父母河猪夫妇，河猪夫妇热情地对待大象"小不点"的每个朋友。但是在大象"小不点"决定寻找自己亲生父母时，养父母非常不舍但是还是让它上路了！

大象"小不点"一路也遇到了许多热心的朋友，有些朋友找到了自己的"爱情"留了下来。最后"小不点"找到了自己的亲生父母，但是它还会每年一次去看望它的老朋友，并且长大后并没有长成它爸妈希望它长成的那种大象，而是选择快乐地做自己！

√ 哈爸推荐 Recommendation

大象"小不点"非常呆萌，不仅可爱，还很小，介绍里说是世界上最小的大象，不过，它经历的却是最伟大的冒险！

孩子似乎天生喜欢冒险，这一系列"大象小不点"的故事，涵盖了孩子心灵成长的各个阶段。小不点每邂逅一位朋友，就向着独立和更明确的自我认知迈出重要的一步。它教给孩子：孤单的时候不要慌张，失望的时候不要沮丧，困难的时候不要放弃。

在读的过程中，孩子的心情也跟着小象的遭遇起起伏伏。不多说了，赶紧把世界上最小的大象请回家吧。

《好脏的哈利》

爱上洗澡的小脏狗

作　　者：[美] 吉恩·蔡恩　文
　　　　　[美] 玛格丽特·布罗伊·格雷厄姆　图
译　　者：任溶溶
出 版 社：新星出版社
出版时间：2012 年 1 月 1 日
定　　价：29.80 元
参考年龄：1～4 岁

·两度凯迪克大奖获得者格雷厄姆经典作品·
·日本绘本之父松居直盛赞"绘本 = 文 × 图"的最佳典范·

√ 内容简介 Introduction

哈利是一只有黑点的白狗,它什么都爱,就是不爱洗澡。有一天,哈利刚听到从浴室传来的放水声,就咬着刷子逃跑了。

它把刷子埋在后院,然后溜到外头。它跑到修马路的地方玩,玩得一身都是泥巴。它跑到铁轨上的天桥玩,玩得一身都是煤烟。它和一群小狗玩捉迷藏,把自己弄得更脏了。它在装煤炭的卡车上面溜滑梯,溜得身上一团黑。因为弄得太脏了,哈利从一只有黑点的白狗,变成了一只有白点的黑狗。

又饿又累的哈利跑回家,屋子里有人看到了,说:"后院来了一只我从来都没有看过的狗……对了,我们家的哈利到哪儿去了呢?"哈利听到了这一段话,便想尽办法要告诉他们:"我就是哈利!"

它表演了平日最拿手的绝活给大家看,先是倒立,然后是空中旋转,最后是落地装死。另外,它还又唱又跳。但大家还是摇摇头。

突然,哈利停住脚步,冲向院子的一角,开始拼命挖洞,没多久,它找到了刷子。它咬着刷子,跑进屋里,一溜烟地冲上二楼,跳进浴缸,咬着刷子,拜托他们帮它洗澡,这对哈利来说还是第一次呢!哈利第一次沾了这么多的肥皂泡,像变魔术一样,污垢一下子就掉了。大家异口同声地说:"是哈利!是哈利!真的是哈利耶!"哈利摇摇尾巴,它高兴极了。

大家轻轻地帮它梳毛,哈利又变回一只有黑点的白狗了。

✓ 哈爸推荐 Recommendation

没有孩子能够抗拒哈利的魅力,对于老是玩得一身脏的小朋友来说,哈利就是他们的化身!

日本绘本之父松居直先生特别推荐这本书,盛赞这本书为"绘本=文×图"的最佳典范。著名儿童文学专家彭懿先生在《图画书:阅读与经典》中写到:"它完全是用图画来述说故事,即使是一个不识字的孩子,光是看图,也可以把故事叙述得八九不离十……"

可以说,孩子的心事,哈利全懂。即使只看画面,孩子们也会被小"脏"狗哈利的有趣冒险逗得哈哈大笑。

《花格子大象艾玛》

在快乐的情景中体验人生

作　　者：[英]大卫·麦基
译　　者：范晓星
出 版 社：少年儿童出版社
出版时间：2013年6月1日
参考年龄：2～5岁

·英国《伦敦晚报》："故事有意想不到的结尾，图画风趣幽默，会让小朋友们开心大笑。"《早期教育者》杂志："大卫·麦基最出色的作品。"英国《星期日泰晤士报》杂志："花格子大象艾玛不愧是2～5岁孩子心目中最喜爱的图画书主人公。"·

✓ 内容简介 Introduction

《花格子大象艾玛》共22册。

世界上有没有花格子颜色的大象呢？艾玛和其他大象灰灰的颜色不一样，他就是一只花格子颜色的大象，他喜欢讲笑话，有他在绝不冷场，他是大家的开心果。可是，他却有一点小小的烦恼："为什么自己不是一般的大象？"

有一天，他用灰色浆果把自己全身涂成了灰色，变得跟别人一模一样，但是他最终因为没能憋住大笑而暴露了它自己。

后来，艾玛有次累了一整晚，趁着大家睡觉，把大家都画上花格子，最后大家欢欢喜喜去河里冲澡来找出艾玛……

洗完澡的象群吃惊地发现：它们全都变成了灰象！那艾玛到哪儿去了？这时，一头灰象不紧不慢地开口了："我就是艾玛啊，你们不认识我了？要不我再下水将河水里的染料重新染回到身上。"艾玛慢慢游到河里去，不一会儿，它突然带着满身的花格子回到象群中！此刻，一个声音从河中树林间幽幽传来："是说我吗？"那不正是刚才自称艾玛的灰象吗？这时大家才恍然大悟：艾玛的花格子是永远洗不掉的！艾玛和那头灰象串通好了，又跟他们开了一个大玩笑！

✓ 哈爸推荐 Recommendation

作者大卫·麦基是英国当代最杰出的图画书创作者之一，他擅长创造幽默有趣的故事和图画，让小朋友在快乐的情境中体验人生。

性情开朗、乐观、爱开玩笑的花格子大象艾玛，让故事妙趣横生，不仅让孩子发现自己的不一样，也让自己和身边的人因此而快乐起来。

《不一样的卡梅拉》

一本让宝宝咯咯笑个不停的书

作　　者：[法]克利斯提昂·约里波瓦　文
　　　　　[法]克利斯提昂·艾利施　图
译　　者：郑迪蔚
出 版 社：二十一世纪出版社
出版时间：2013年6月1日
定　　价：120.00元
参考年龄：2～6岁

· 全球畅销 1700 万册 ·

✓ 内容简介 Introduction

共12册,包括《我想去看海》《我想有颗星星》《我想有个弟弟》《我去找回太阳》《我爱小黑猫》《我能打败怪兽》《我要找到朗朗》《我不要被吃掉》《我好喜欢她》《我要救出贝里奥》《我不是胆小鬼》《我爱平底锅》。

绘本讲述了母鸡卡梅拉和她的儿女们——卡梅利多和卡门的历险故事。"生活中肯定还有比睡觉更好玩的事情!"大小卡梅拉们一直都抱有这样的信念。他们执着地追求那些种群中认为不可想象的事情。去看大海、去摘星星、去追回逃逸的太阳……一路上处处坎坷、历经艰难,但总是逢凶化吉、化险为夷。最后还能收获超乎想象的回报和异乎寻常的果实。

比如《我想去看海》，小鸡卡梅拉在海上竟然遇到了大探险家哥伦布，给他下了31个鸡蛋做免费早餐而保住性命。在美洲她认识了印第安人、仙人掌，还尝到美洲特产——玉米。最后，她竟然嫁给了一只火鸡皮洛克，和他生了一只叫卡梅利多的小粉鸡。和她一样，她的儿子也具有强烈的反叛精神和十足的个性。

√ 哈爸推荐 Recommendation

有一点我觉得很奇怪，为什么这套书要叫《不一样的卡梅拉》，而不叫《不一样的卡梅利多》？12本里只有1本的主人公是卡梅拉，其余都是以卡梅拉的儿子卡梅利多（及女儿卡门）为主角。作者没告诉我，出版社没告诉我，倒是"百度"上有个人说，鸡族是母系氏族，后代都取母姓，所以，"卡梅拉"不是专指那只母鸡，而是指"卡梅拉家族"。是这样吗？好吧，或许你家的小宝贝会告诉我。

故事的起承转合非常完整，新意不断，大人会佩服作者幽默风趣的语音和丰富的想象力，而孩子则会随着这群特立独行的小鸡的脚步，一路咯咯笑个不停。

健康快乐是宝宝最重要的　113

《我爱幼儿园》

让孩子爱上幼儿园

作　　者：[法] 布洛克
译　　者：张艳
出 版 社：北京科学技术出版社
出版时间：2012 年 8 月 1 日
定　　价：32.80 元
参考年龄：2～6 岁

✓ 内容简介 Introduction

"以前,我上的是托儿所。但现在,我已经长大了,我甚至有了一位老师,她像公主一样有着长长的头发。我上学啦。我上的是幼——儿——园!"

看到小莱昂如此欢欣的宣言,是不是以为他走进幼儿园的那一天也快乐得手舞足蹈?其实不然,他和我们身边许多小朋友一样,入园开学那天,他起不来床,觉得幼儿园"真是恐怖",认为自己就要被卖掉,上完第一天就再也不想去了……

但最后,他爱上了幼儿园,因为那里有他的老师和朋友,虽然他一开始不懂"开学"和"上学"的区别，后来也没理解什么是老师说的"社交生活"，但是他学会了运动、分享、照顾自己和许许多多的事情……

小莱昂说："在幼儿园里，我有许多朋友。有时我会哭，有时我会笑。在幼儿园里，我长大了！"

✓ 哈爸推荐 Recommendation

孩子将要或刚上幼儿园的那些日子，对父母和孩子来说都是挺艰难的事情。孩子离开爸爸妈妈，离开熟悉的家，进入一个完全陌生的环境，身边是一群陌生的人，有老师，还有其他小朋友。

有些父母过于担心孩子不能度过幼儿园的适应期，担心孩子会恐惧、伤心甚至是出现"分离焦虑"，或担心幼儿园老师不好，而不让孩子上幼儿园，选择"在家教育"。

然而，孩子总是要离开父母的，而离开家庭进入幼儿园无疑是一个最好的时间点。有一个记者问一位诺贝尔奖获得者："您在哪所大学、哪个实验室学到了您认为最重要的东西呢？"他的回答竟然是"在幼儿园"。又问："您在幼儿园学到些什么呢？"这位白发苍苍的诺贝尔奖获得者诚恳地回答说："把自己的东西分一半给小伙伴；不是自己的东西不要拿；东西要放整齐；吃饭前要洗手；做错了事情要表示歉意；午饭后要休息；要仔细观察周围的大自然。从根本上说，我学到的全部东西就是这些。"

其实孩子的适应能力远远超过我们的预期，如果真的担心，那就和孩子一起看《我爱幼儿园》吧。

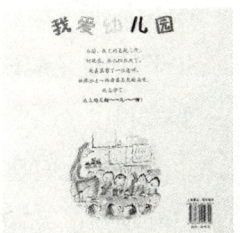

《让路给小鸭子》

一本最仁慈的书

作　　者：[美]麦克洛斯基　编绘
译　　者：柯倩华
出 版 社：河北教育出版社
出版时间：2009年11月1日
定　　价：34.80元
参考年龄：2～6岁

· 1942年美国凯迪克金牌奖 ·
· 入选美国全国教育协会"教师们推荐的100种书" ·

✓ 内容简介 Introduction

马拉先生和马拉太太一直在找住的地方。可是，马拉先生觉得看起来不错的地方，马拉太太都说不好。他们最终飞到查尔斯河上方。

"这里不错。"马拉先生嘎嘎叫道，"那个小岛看起来很清静，离公园也不远。""好的。"马拉太太说，她想到公园里的花生米，"这里应该是孵小鸭子的好地方。"他们在这里换毛，也在这里生了八只小鸭子。

更奇妙的是，他们这里有个名叫麦可的警察。麦可喂他们吃花生米。后来，他们一家想去公园，他们果然这样做了，不过要穿过街道。警察麦可像交警一样举起一只手让所有的汽车停住，另一只手示意让马拉太太过马路。他还打电话跟警察局里的克兰西说："有一家鸭子在街上走！"克兰西已经从警察局派来了一辆警车和四位警察。那些警察让所有的车辆停止了行驶，让马拉太太和小鸭子们顺利地穿越马路，一直走到公园。

鸭子进了公园的大门，转身向警察表示谢意。警察们微笑着跟他们挥手道别。

✓ **哈爸推荐** Recommendation

《纽约时报》的书评说：这是一本最仁慈的书。看着小眼睛，大肚子的麦可警察扭动着臃肿而又逗人发笑的身躯，慌慌张张地吹着哨子奔向马路，又慌慌张张地奔回岗亭时，谁能不笑出声来呢？谁又能不感觉到温暖呢？人与自然和谐共处，就在这个警察拦下所有车辆，护送排成一排的鸭子过马路的温情脉脉的故事里。

《小兔汤姆系列》(第一辑)

跟着汤姆经历烦恼和快乐

作　者：[法]玛莉-阿丽娜•巴文　图
　　　　[法]克斯多夫•勒•马斯尼　文
译　者：梅莉
出 版 社：海燕出版社
出版时间：2008 年 1 月 1 日
定　价：45.00 元
参考年龄：2～6 岁

· 最新、最全的儿童心理自助读物,发行量超过 500 万册 ·

✓ 内容简介 Introduction

《小兔汤姆系列》(第一辑)共 6 册:

《汤姆上幼儿园》:汤姆要上幼儿园了。虽然,爸爸妈妈说幼儿园的老师和蔼可亲;虽然,妈妈给汤姆买了他喜欢的新书包;虽然,在幼儿园门口,妈妈说难过了可以看看妈妈的手绢……可是,汤姆还是得强忍着泪水不让它流下来。

《汤姆走丢了》:汤姆和妈妈一起去商店买东西。商店里,有许许多多的人和好看的东西,汤姆的眼睛都不够用了。他一心想着自己要买的那条裤子。

可是，一转身，发现妈妈不见了！汤姆到处跑，到处找妈妈……汤姆走丢了。在一群陌生人中间，汤姆很害怕。

《汤姆挨罚》：今天早上汤姆的心情就很不好。在幼儿园，他抢小朋友的玩具，破坏别人的游戏，甚至还拿积木扔自己的好朋友……结果汤姆挨罚了。挨罚可不是什么好事。不过，后来汤姆知道，爸爸小的时候也挨过罚。爸爸没有责怪他，但告诉了他一句话："大家生活在一起，要遵守各种规则。有些事情可以做，有些事情不可以做。"汤姆记住了这句话。

《汤姆住院》：今天早上在幼儿园，汤姆肚子疼，因为肚子疼，他都没能把儿歌背完。汤姆要住院做阑尾手术了，他带了许许多多的东西。然而，尽管医院里有护士的热情接待，爸爸妈妈在身边安慰，同病房的小伙伴调皮逗笑，汤姆心里还是一点都不踏实。

《汤姆的小妹妹》：刚开始，妈妈同小妹妹伊娜从医院回家的时候，汤姆还是挺高兴的，他还想把自己的小卡车借给伊娜玩。可是，因为小妹妹的出现，汤姆觉得现在家里都没人理他了。汤姆心想，伊娜还要在我家待多长时间啊。

《汤姆去海滩》：第一次看到大海，汤姆是多么兴奋呀！他有许多新的发现：起伏的波浪就像大海在呼吸，脚下的沙子细细的，还有远处的海平线、大海中的船……汤姆还和爸爸一起建造了一座又大又漂亮的城堡呢！

✓ 哈爸推荐 Recommendation

贴近幼儿生活，符合幼儿心理，表达了幼儿的情感，作者没有光凭技巧来编故事，而是在真正熟悉幼儿生活的基础上有感而发。

每一句话都是经过反复推敲，直到念起来朗朗上口，很熨帖。文字几乎没有太复杂、太拗口的地方，孩子读了几遍就能自己讲出来。

故事是用第一人称"我"来叙述的，"我"就是汤姆，跟汤姆一起去经历各种各样的烦恼和快乐，就像自己亲身经历过一样。

《三只小猪》

有一些传统，就是用来打破的

作　　者：[美]大卫·威斯纳　文/图
译　　者：彭懿
出 版 社：河北少儿出版社
出版时间：2013 年 5 月 1 日
定　　价：29.80 元
参考年龄：2～7 岁

·2002 年美国凯迪克金奖·
·荣获法国"女巫"儿童文学奖·

✓ 内容简介 Introduction

三只小猪，同样盖自己的小房子，同样大野狼来敲门，但是这次大野狼不是从烟囱里掉进滚烫的汤里。从前的那三只小猪，人们每读一次，就得被吃掉一次。于是，大卫·威斯纳写了一个三只小猪集体出逃的故事。不过，这回三只小猪可是逃得太远、太离谱了，竟然逃到了故事之外……

当狼对着小猪的稻草房使劲儿吹时，不对了，小猪被吹到了故事的框架之外——空白的世界！狼一脸愕然，故事开始离经叛道。小猪逃到了故事之外的空白世界，狼则被囚禁在了故事里。整个故事彻底地出轨了，逸出了《三只小猪》的底线。

　　游荡于故事之外的三只小猪，竟然把书给拆了，把一页一页的故事折成了一架纸飞机，然后坐上它，在空白的世界里飞翔起来。接着，它们又先后闯进了另外两个故事——《鹅妈妈童谣》和《武士屠龙》，带出一只拉小提琴的猫，还把险遭杀戮的龙从武士手下给救了出来。

　　拆毁是为了重构，最后，逃离了各自故事的五个主人公又开始齐心协力重构一个新的故事。在龙的帮助下吓跑了狼，从此，"它们一起过着幸福的生活"。

√ 哈爸推荐 Recommendation

　　一连颠覆了三个经典童话，什么叫想象力？这就叫想象力！

　　专家高大上的评价是，它颠覆了传统的阅读习惯，是人们用后现代主义来分析图画书的最好案例。那我的评价是，告诉孩子，有一些传统，就是用来打破的。

《你看起来好像很好吃》

有一种爱,在故事里,也在故事外

作　　者：[日] 宫西达也　编绘
译　　者：蒲蒲兰　等
出 版 社：二十一世纪出版社
出版时间：2013 年 8 月 1 日
定　　价：96.00 元
参考年龄：2～7 岁

· 绘本大师宫西达也经典绘本恐龙系列之一 ·

✓ 内容简介 Introduction

　　白垩纪的山谷里,一只甲龙蛋滚到了霸王龙面前,碎了。霸王龙望着甲龙宝宝,留着口水说:"你看上去好像很好吃哎!"小甲龙突然开口叫了一声:"爸爸!"原来小甲龙的名字就叫"很好吃"!而因为那句"爸爸",击中了霸王龙内心的柔软,为了保护这个儿子,他与想吃"很好吃"的吉泰龙展开了激烈搏斗,守护他安宁入睡。

　　想吃"很好吃"的吉泰龙残忍地告诉他,霸王龙根本不是他爸爸,迟早会吃掉他。真相暴露,"很好吃"和霸王龙都觉得又委屈又无奈又伤感。看到霸王龙伤心的样子,"很好吃"心软了,为他描述了一个自己眼中的美好世界,还为他找来自己最爱吃的红果子。霸王龙被很好吃的天真和善良感染了,宣布再也不会吃"很好吃"了,还把自己的招牌三招教给"很好吃"。

此后,霸王龙一直在吃红果子,渐渐失去了力气。一直垂涎"很好吃"的吉泰龙率领着始盗龙对霸王龙进行了挑战。霸王龙为了保护"很好吃"与他们殊死搏斗,自己也负了伤。他把自己的最后一招教给了"很好吃",告诉他如何躲避危险。

这时,吉泰龙率领着更多的食肉恐龙朝他们围攻上来。于是,霸王龙提议和"很好吃"比赛,看谁先跑上山顶。"很好吃"终于跑上了山顶,遇到了一群和他一样的甲龙们;霸王龙挡住了追赶来的吉泰龙们,自己却奄奄一息了……

✓ 哈爸推荐 Recommendation

这个绘本描述了恐龙世界关于强者与弱者,关于亲情和友情温馨动人的故事。在弱肉强食的恐龙世界,也充满了温情,强大凶悍的外表和柔软善良的内心形成鲜明对比,让人更容易动容。

如果小小哈有个妹妹的话,我会建议全家给小妹妹读这套书——哈爸读《你看起来好像很好吃》,哼妈读《永远永远爱你》,小小哈读《我是霸王龙》《你真好》《我爱你》《遇到你,真好》。这套绘本,感觉是给每个家庭成员都安排了故事任务。有一种爱,在故事里,也在故事外。

《野兽出没的地方》

孩子内心的有些角落需要留给自己

作　　者：[美]桑达克 著/绘
译　　者：阿甲
出 版 社：明天出版社
出版时间：2009年9月1日
定　　价：29.80元
参考年龄：2～7岁

· 1970年国际安徒生奖画家奖得主的代表作·
· 1964年凯迪克奖金奖·

✓ 内容简介 Introduction

那天晚上，麦克斯穿上他的狼服，开始了恶作剧。妈妈骂他："野兽！"麦克斯说："我要吃掉你！"结果妈妈没让他吃晚饭，把他关到了房间里。

正是那天晚上，麦克斯的房间里长出了一片树林，海上漂来了一艘小船。他日夜航行，几乎用了一年的时间，到了一个野兽出没的地方。野兽们发出可怕的咆哮，磨着可怕的牙齿，转动着可怕的眼睛，伸出了可怕的爪子，但麦克斯用勇气驯服了野兽们，并且成为了野兽之王。可是他突然感到孤独起来，想到一个被人爱的地方去。这时，从遥远的世界的那一边，飘来了好吃的东西的香味。

他决定放弃在这个野兽出没的地方当国王了。上了他的小船，航行了一年，又回到了他自己房间的那个夜晚。他发现他的晚饭正等着他，而饭还是热的。

√ 哈爸推荐 Recommendation

1岁8个月的小小哈开始了男孩子模式的"撒野"，我和哼妈也由此体会到管教孩子需要怎样的智慧与耐心。他发怒地扔掉他的小车，他生气地扬起他的小手……我们需要了解他的内心轨迹，需要控制自己的怒火来接纳他的感受、帮助他梳理内心，并让他接受管教。

但不可否认的是，孩子的内心不是一本平铺直述的书，有些角落，他们需要留给自己，也需要他们自己面对，所以我要引用作者桑达克解释自己作品的话："用来挑战属于童年的一个可怕的现实：当孩子恐惧、愤怒、痛恨和受挫折时感受到的无助——所有这些情绪都是他们日常生活的一部分，而他们认为那是难以控制的危险的力量。为了征服它们，孩子们就求助于幻想：在想象的世界中，那些令人不安的情绪得到解决，直到他们满意为止。"

《图书馆狮子》

一只爱听故事的狮子

作　　者：[美]努森 著，霍克斯 绘
译　　者：周逸芬
出 版 社：河北少儿出版社
出版时间：2011 年 5 月 1 日
定　　价：43.80 元
参考年龄：2～7 岁

- 《纽约时报》年度畅销童书奖 ·
- 美国《图书馆月刊》年度最佳童书奖 ·
- 美国儿童杂志年度最佳童书奖 ·
- 美国书店协会年度畅销童书奖 ·

✓ 内容简介 Introduction

一头狮子，走进了图书馆，听完一个故事，又听下一个故事，一直听到小朋友们一个个离开。故事结束了，该走了。可是狮子还想听故事，开始大吼："嗷！嗷！嗷！"

只在意是否违反规定的麦小姐告诉狮子如果你不保持安静，就得离开。可是狮子继续伤心地吼，小女孩问麦小姐，如果狮子保证安静，明天是否可以来听故事，麦小姐说，做到安静、守规矩，可以来听故事。孩子们欢呼起来。第二天，狮子到图书馆很早，它用尾巴拂去百科书上的灰尘，直到说故事活动开始。隔天，狮子又早到了，麦小姐请它帮忙舔所有借书逾期通知的信封。

有一天，麦小姐从凳子上摔下来，她爬不起来，就请狮子帮忙，让狮子去叫马彬先生。马彬先生不理他。狮子实在没招了，只好盯着马彬先生的眼睛，张大嘴巴，吼出生平最响亮的声音。

幸灾乐祸的马彬先生抓住狮子的把柄，赶紧向麦小姐报告：狮子违反规定了。可是狮子早已走出大门，离开了图书馆，他伤心地离开了。

后来麦小姐得救，可是图书馆里见不到狮子的身影，大家都盼望着狮子的出现，就连窗台上的花也耷拉着脑袋，最后马彬先生找到了坐在图书馆门口的狮子，并告诉他：只要理由正当，可以在图书馆吼叫。狮子又重新出现在图书馆。

√ 哈爸推荐 Recommendation

很美的故事，画面也很美，人与狮子之间的情谊如此感人，让孩子能够感同深受。

如果一定要引申一点意义，就是告诉孩子一定要守规矩，比如不能撕书，或者其他家里的规矩。不过这都不重要，重要的是孩子喜欢。

随书会有英文原文小书与中英文朗读CD，中文由知名演播家曹灿老师朗读，英文由Scudder Smith先生朗读，听听吧，也不错。

《14只老鼠》

体悟美丽的大自然和和谐的大家庭

作　者：[日] 岩村和朗 著
译　者：彭懿
出 版 社：接力出版社
出版时间：2010 年 9 月 1 日
定　价：165.60 元
参考年龄：2～7 岁

· 日本图画书大师岩村和朗的经典代表作 ·
· 流传 20 多年，再版 100 多次 ·

✓ 内容简介 Introduction

在这个由爷爷、奶奶、爸爸、妈妈和十个孩子组成的大家庭中，14只老鼠团结合作，其乐融融。它们年龄、个性、能力都不同。为了生活，他们团结合作，发挥特长，互相照顾，齐心协力克服种种困难，过着和谐美满的家庭生活。

《14只老鼠》共12册：《14只老鼠摇篮曲》《14只老鼠种南瓜》《14只老鼠捣年糕》《14只老鼠洗衣服》《14只老鼠蜻蜓池塘》《14只老鼠秋天进行曲》《14只老鼠大搬家》《14只老鼠吃早餐》《14只老鼠挖山药》《14只老鼠过冬天》《14只老鼠去春游》《14只老鼠赏月》。

比如《14只老鼠蜻蜓池塘》，炎炎夏日里，十只小老鼠征求爸妈同意，结伴到离家不远的蜻蜓池塘玩耍。一路上，大孩子细心照顾并维护年纪较小的弟弟妹妹的安全，流露出浓厚的手足之情。小老鼠们更发挥创意巧思，就地取材做成小船，划行池塘、戏水玩乐，度过一个凉爽愉快的夏日午后。

✓ 哈爸推荐 Recommendation

前不久哼妈看了一本《弗罗里达乡村生活》就兴趣十足地要去农村生活，最后因故作罢。有时候书就是这样，也许会点燃你深埋着的自己都不知的某种梦想的星星之火。这套《14套老鼠》里宁静的大自然，大家庭和谐的气氛，互相关心、彼此照顾的爱与温暖，就是所谓的星星之火。其实，我推广亲子阅读，也是为了亲子间能更多地发现内心的那些星星点点。

关于这套绘本，译者是这样评价其魅力的："一是美丽的大自然，二是温暖的大家庭。阅读它最大的快乐，就是爸爸妈妈和孩子一起，一个一个地去寻找谁是老大，谁是老二，红蜻蜓在哪里，海棠花又在哪里……"

《可爱的鼠小弟》

不同年龄的孩子读出不同的乐趣

作　　者：[日] 中江嘉男　文
　　　　　[日] 上野纪子　绘
译　　者：赵静文，纪子
出 版 社：南海出版社
出版时间：2009年8月1日
定　　价：138.00元
参考年龄：2～7岁

· 日本著名绘本作家中江嘉男和上野纪子合作的不朽经典 ·
· 被誉为"日本绘本史上不可逾越的巅峰" ·
· 日本学校图书馆协会好绘本奖，日本产经儿童出版文化奖 ·
· 中国首届"全国十佳童书"第一名 ·

✓ 内容简介 Introduction

　　从儿童的小视角来描绘精彩的大世界，前12册包括《鼠小弟的小背心》《想吃苹果的鼠小弟》《鼠小弟的又一件小背心》《鼠小弟和鼠小妹》《鼠小弟，鼠小弟》《又来了！鼠小弟的小背心》《鼠小弟的生日》《打破杯子的鼠小弟》《鼠小弟和大象哥哥》《鼠小弟荡秋千》《鼠小弟和音乐会》《换换吧！鼠小弟的小背心》。

　　比如《鼠小弟的小背心》：鼠小弟穿着妈妈织的小红背心，鸭子、猴子……

一个一个动物轮番登场试穿小背心，重复着同样的语言："有点紧，还挺好看吧？"在这样的重复中，动物一个比一个大，等到大象出场时，身体占了满满的画页还不够，以至耳朵冲出画框，而大象的大与背心的紧所造成的反差，是那样的滑稽。等到小背心从大象身上脱下来，便看到鼠小弟耷拉着脑袋拖着一根长长的带两个环的绳子——小背心。

√ 哈爸推荐 Recommendation

有趣，非常有趣，真的非常有趣。

鼠小弟为什么一定要画得那么小？为什么要留那么多空白？小小的老鼠活脱脱就是个孩子呀！他相对应的世界就是那么大。

每页几句简单得不能再简单的话，每页几个动物，色彩也很单调，基本是单色，但是不同年龄的孩子却能读出不同的乐趣和理解。

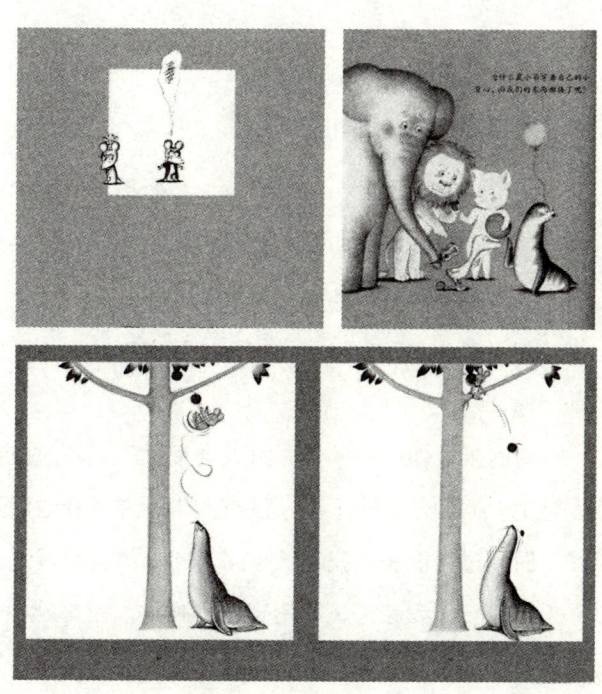

《我永远爱你》

那样爱过小狗狗

作　　者：[美]威尔罕　编绘
译　　者：赵映雪
出　版　社：明天出版社
出版时间：2013 年 11 月 1 日
定　　价：27.80 元
参考年龄：2～7 岁

✓ 内容简介 Introduction

　　这是阿雅的故事，她是世界上最好的狗。我们一起长大，不过阿雅长得比我快多了。我最爱把头靠在她暖暖的毛上，和她一起做梦。哥哥和妹妹也很爱阿雅，但是，她是我的狗。

　　每天，我和阿雅都在一起玩。阿雅喜欢追松鼠，也喜欢把妈妈的花园挖得一团糟。

　　有时候，他调皮捣蛋，家人会很生气。不过就算他们骂了阿雅，他们还是爱她的。问题是，除了我，没有人告诉过阿雅他们爱她。

　　时间过得很快，我越长越高，阿雅却越来越圆。

　　阿雅一天天老了，她越来越爱睡觉，越来越不爱出去散步，我也越来越担心。我们带阿雅去看兽医，但是医生也帮不上忙。"阿雅只是老了。"他说。不久，阿雅没有办法爬楼梯了。可是她一定得来我的房间睡。

我让阿雅睡在软软的枕头上。每晚在她临睡前，我都要跟她说："我永远爱你。"我知道她会懂的。

有一天早上我醒来，发现阿雅已经在夜里死掉了，我们把阿雅埋在院子里，大家难过地抱在一起哭。哥哥和妹妹都很爱阿雅，但是他们从来没有告诉过她。我也很伤心，不过想到每天晚上我都告诉她"我永远爱你"，心里就觉得好过一些。

邻居要送一只小狗给我，我知道阿雅不会在意，但我还是说不要了，我还把阿雅的篮子送给他，现在他比我更用得上那只篮子。也许有一天，我还会有另一只狗，一只猫或一条金鱼。

不论他是什么，每晚我都会跟他说："我永远爱你。"

√ 哈爸推荐 Recommendation

一个男孩和一只狗，他们一起享受恬静时光，但狗的生命是短暂的，男孩看着他的狗——阿雅一天天地老去，却无法帮忙。他能做的只是忠实地陪伴在阿雅身旁，所幸的是，男孩每晚入睡前，总记得跟阿雅说一句"我永远爱你"。这句"我永远爱你"，不知道阿雅懂不懂，可是在阿雅走到生命尽头时，这一句话却是男孩在伤心之余心中最大的安慰。阿雅带着男孩的爱静静地去了，男孩也因为自己及时付出了爱，才能接受阿雅的老与死，才能勇敢地疗伤。

"死亡教育"是无法也不可以回避的，那么就选择一种更好的方法吧。

作者威尔罕在1985年出版这本与孩子讨论"老""死"的图画书时，即使是在当时已相当多元开放的美国，仍然不为大多数人所接受。但读过这本图画书的人都同意，他在让幼儿接受老、病、死的这个主题中，几乎是运用了最完美的方法。所以，我建议你用这本绘本给孩子上这一课。

《小蓝和小黄》

小朋友的友谊

作　　者：[美]李奥尼
译　　者：彭懿
出 版 社：明天出版社
出版时间：2008年6月1日
定　　价：29.80元
参考年龄：2~7岁

·《纽约时报》年度最佳图画书·
·1959年美国平面造型艺术学会最佳图画书奖·

✓ 内容简介 Introduction

小蓝和小黄是一对好朋友，一起游戏，一起上课。

一天，小蓝趁妈妈出门的时候，溜出去找小黄。从家里找到外面，找了许久，才在一个角落里找到了小黄。小蓝和小黄惊喜地拥抱在一起，越抱越紧，结果融合在一起变成了"绿"。"绿"去了公园，钻隧道，爬山，后来累了，就回家了。

可回到小蓝家，小蓝的爸爸妈妈认不出来了："哎呀，这个'绿'不是我们家的小蓝呀。"回到小黄家，小黄的爸爸妈妈妈也认不出来了："哎呀，这个'绿'不是我们家的小黄呀。"

"绿"很伤心,流下了蓝色和黄色的眼泪,哭呀哭呀,最后都变成了蓝色和黄色的眼泪,蓝眼泪聚拢到一起变成了小蓝,黄眼泪聚拢到一起变成了小黄,两个人高兴了:"这回爸爸妈妈不会认不出来了!"

小蓝和小黄先回到小蓝的家,小蓝的爸爸妈妈高兴地拥抱小蓝,又拥抱了小黄,结果变成了绿色。直到这时,爸爸妈妈才总算明白是怎么一回事了。于是,他们一起去小黄家报告这个好消息,两家的父母高兴地拥抱在一起,也变成了"绿"。而小黄和小蓝,则在外面和好朋友一直玩到要吃晚饭。

√ 哈爸推荐 Recommendation

这个故事的背后是有故事的。作者李奥尼说《小蓝和小黄》完全是出自于一次偶然的灵感。

1959年的一天,他带着五岁的孙子和三岁的孙女从曼哈顿坐郊区火车去康涅狄格,因为两个调皮鬼一刻也不肯安宁,他就顺手拿过一本《生活》杂志说,"我给你们讲一个故事吧"。他把广告那一页撕成蓝色、黄色和绿色的圆圆的碎片,铺到膝盖上的公文包上,即兴讲起了小蓝和小黄的故事。据他的自传透露,这个故事不但让两个孩子着迷,连邻座的大人都给吸引过来了。

结果,这个绘本在20世纪60年代掀起了一场视觉冲击,人们惊呼为"图画书的出发点"。我的另一个感觉是,这是一本更属于女孩子的绘本,不知道这个感觉对不对。

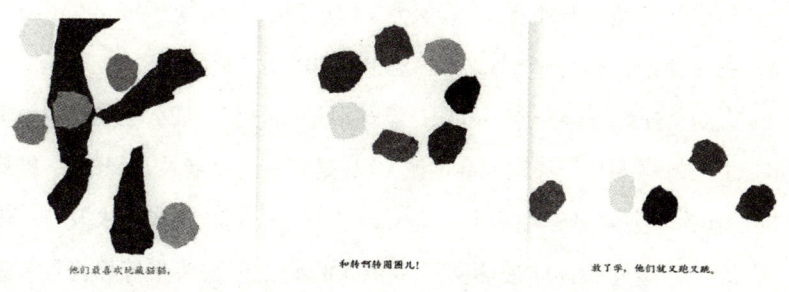

《青蛙和蟾蜍》

温馨的友谊感染了孩子

作　　者：[美]洛贝尔　编绘
译　　者：潘人木，党英台
出 版 社：明天出版社
出版时间：2009年6月1日
定　　价：52.80元
参考年龄：2～10岁

· 荣获 1971 年凯迪克银奖 ·
· 荣获 1973 年纽伯瑞银奖 ·
· 1976 年美国图书馆协会杰出童书奖 ·

✓ 内容简介 Introduction

四册分别是《好朋友》《好伙伴》《快乐时光》《快乐年年》，每册书正文64页，图文参半，各有5个小故事，总共有20个小故事。

比如，青蛙觉得身体不舒服，蟾蜍很是担心和关切，哇哇地叫："啊，青蛙，你看上去好绿啊！"青蛙无奈地说："我是青蛙，我当然是绿的。"蟾蜍继续叫："即使作为一只青蛙，你看上去也太绿了啊！快到我的床上来躺一下吧。"

比如，蟾蜍去冰激凌店买了两个冰激凌，顶在头上打算去找青蛙一起吃。走到半路冰激凌就化了，不抛弃不放弃继续走，冰激凌糊了他一脸还在继续走，结果眼睛被糊了看不到路,直接掉到河里了。于是他开始嘤嘤嘤嘤地哭问怎么办啊。青蛙豪迈地说:再去买啊!

比如,蟾蜍一直希望别的动物给它写信,很希望自己受到别的动物关注,但它一直没收到信,很伤心。聪明的青蛙知道后回家写信给蟾蜍,而且写上"你是我最好的朋友",这样不但满足了蟾蜍希望有信的心愿,更给予了它真挚的友谊,而且让蜗牛把信送过去,陪着蟾蜍一起等信的到来。

比如,青蛙病了,蟾蜍为了让青蛙忘记生病的痛苦,想要讲故事给青蛙听,为了想出故事,又倒立,又往头上浇水,又往墙上撞了几下,拼命地想故事,但总是想不出。但是青蛙渐渐地忘记了病,而因折腾了太久,轮到蟾蜍感觉不舒服。之后青蛙将蟾蜍想故事的过程编成了故事,讲给蟾蜍听,而让蟾蜍安然入睡。

√ 哈爸推荐 Recommendation

光看封面是看不出青蛙和蟾蜍有多么可爱的,而且文字比较多,四本书的画面又没有太多的连续性。

然而孩子若是碰巧看到内容,就一定放不下来了。总有一些细节让孩子心动,总有一些幽默的情节让孩子哈哈大笑,总有一些温馨的对话让孩子感动。

文字浅显易懂,但在这直白的文字中,友谊的温馨却扑面而来,让读的人和听的人不由自主地被感染,甚至心情也会变得好起来。

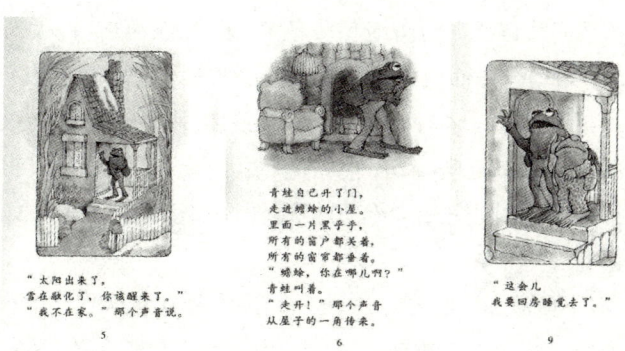

《小兔波力品格养成系列》

潜移默化的情商教育

作　　者：[奥]布丽吉特·威宁格　文
　　　　　[法]伊芙·塔勒　图
译　　者：李颖妮，邢培健
出 版 社：南海出版社
出版时间：2009年8月1日
定　　价：78.00元
参考年龄：3～6岁

· 国内著名教育专家孙瑞雪、小巫、杜酒芳、袁晓峰，著名儿童节目主持人陈岳一致推荐 ·

✓ 内容简介 Introduction

　　系列共11册，由奥地利著名童书作家布丽吉特·威宁格和法国著名插画家伊芙·塔勒合作而成，已被翻译成多种语言在全世界发行，给各国小朋友带去了欢笑与感动。莽撞淘气又温柔善良的小兔波力教会孩子们为人处世的各种道理，一个个温暖亲切的小故事生动再现了孩子在日常生活中遇到的各种问题，如何面对困难，如何承担责任，如何克服恐惧，如何关爱别人，如何与人相处……

　　"小兔波力"让孩子在快乐阅读中受到潜移默化的熏陶，培养出健全而有魅力的品格。著名教育家罗素认为，品格教育在孩子6岁以前就已基本完成，6

岁以后，学校只是在以前品格教育的基础上加以巩固。因此，幼儿阶段是品格教育的关键时期，能在一定程度上决定孩子以后的人格成长。

√ 哈爸推荐 Recommendation

小小哈吃饭一直很乖，但是，小小哈吃饭会有要求，就是要哼妈跟他聊天——念童谣、唱歌、讲故事都可以，反正要听妈妈聊。有一天，我就在旁边静静听他们母子到底聊什么，哇，哼妈就从小小哈上午抢了小朋友的玩具出发，编了一个非常棒的故事。

我常常会听到哈友们的苦恼，尤其是关于品格建造方面的，言语间充满了焦虑。我的劝勉是，与其一堆道理满满的说教，不如一个会讲故事的妈妈，或者，一本能进入孩子内心的绘本。

在哈爸的手边，有很多关于品格建立、情绪管理的绘本，而其中，中西方绘本的区别也很明显。

本土绘本里，比如传统寓言故事、经典故事，以及后来出的"中国优秀图画书典藏系列"等，情商教育显得比较刻板，重说教，惯于对错判定，长于应该与不应该的条条框框。

而西方绘本里，潜移默化的情商教育是一大特色。例如很受欢迎的青蛙弗洛格、贝贝熊、托马斯小火车头、工程师巴布等卡通人物，还有《影响孩子一生的情商故事》《中国第一套儿童情绪管理图画书》《来自英国的儿童情商培养图画书系列》《我的感觉系列》等等，都是通过贴近生活的故事，告诉孩子什么是感恩、什么是关爱、什么是负责……同时也告诉孩子可以怎样做到，以及如何正确面对负面情绪如伤心、愤怒、嫉妒等等。因为好绘本的前提是要有好故事，而贴近生活叙述的才是好故事。生活中的那点儿事，却是孩子们的整个世界。

小兔波力就是这样一套绘本，生病、犯错、被误解、丢了心爱的玩具、和好朋友吵架闹别扭……都是幼年的孩子常常要遇到的场景，那么，波力是如何度过的呢？在每一个尴尬难受的状况里，只要有家庭的爱、信任和支持，相信无论什么难题，孩子都是可以顺利解决的了，并能在这些过程里，学会爱自己，关爱他人，还有世界。

《托马斯和朋友幼儿情绪管理互动读本》

抓住培养高情商孩子的最佳时机

作　　者：童趣出版有限公司 编
出 版 社：人民邮电出版社
出版时间：2011 年 1 月 1 日
定　　价：78.40 元
参考年龄：3～7 岁

✓ 内容简介 Introduction

绘本挑选了幼儿常见的8种情绪：生气、害怕、难过、嫉妒、焦虑、快乐、自信、同理心，共8册，包括《托比不要哭鼻子》《托比有颗善良的心》《托马斯不要心慌慌》《托马斯不要坏脾气》《托马斯不怕黑洞洞》《爱德华真是顶呱呱》《罗斯提喜欢笑哈哈》《詹姆士不要酸溜溜》。

美国心理学家戈尔曼告诉我们："情商是人类最重要的生存能力"，而良好的情绪管理能力正是高情商的基础，3～6岁则是最佳培养期。《托马斯和朋友幼儿情绪管理互动读本（共8册）》精选幼儿常见的8种情绪：生气、害怕、难过、嫉妒、焦虑、快乐、自信、同理心。六大步骤，亲子互动，读玩结合，打败坏情绪，拥抱好心情！

√ **哈爸推荐** Recommendation

如果孩子看过托马斯动画片，那么这套书对他们情绪管理的帮助是显而易见的。托马斯和朋友在生活中会很快成为孩子的榜样，能给家长帮很大的忙。但是，如果没有动画片的铺垫，孩子会不会喜欢，我就不好说了。所以，建议可以让孩子在看托马斯动画片的同时，阅读这个绘本。

《蚯蚓的日记》

从最简单的语言里品味出东西

作　　者：[美] 克罗宁　著
　　　　　[美] 布里斯　绘
译　　者：陈宏淑
出 版 社：明天出版社
出版时间：2013 年 4 月 1 日
定　　价：32.80 元
参考年龄：3～7 岁

· 2003 年美国《学校图书馆》杂志最佳图书 ·
· 台湾《中国时报》开卷年度最佳童书 ·

√ 内容简介 Introduction

小小的蚯蚓的日记，赫然开始于一个地球！

以日记的书写方式，记录小蚯蚓对自己、家庭、朋友，甚至地球的点点滴滴的观察和感受，以及对自我、未来的想法。

爷爷告诉它要懂礼貌。它看见一只蚂蚁，就有礼貌地问好："你好啊，蚂蚁先生！"没想到后面却是一大队蚂蚁，它只好在那里一直问好，整整站了一天。

小蚯蚓的功课也很繁重，《钻地史》《土壤的演变》《骑士爬行者》……

可都是些大部头。

√ 哈爸推荐 Recommendation

蚯蚓是没手没脚的，你想象过他将如何写字，如何看书吗？你想象过什么是他的凳子和桌子吗？用餐的时候，他使用什么餐具？睡觉的时候，他的帽子会挂在哪里？如果他被蜜蜂螫了，会怎么样？……有趣吧。

更重要的是，简单得不能再简单的语言，可以品味的东西却很多。

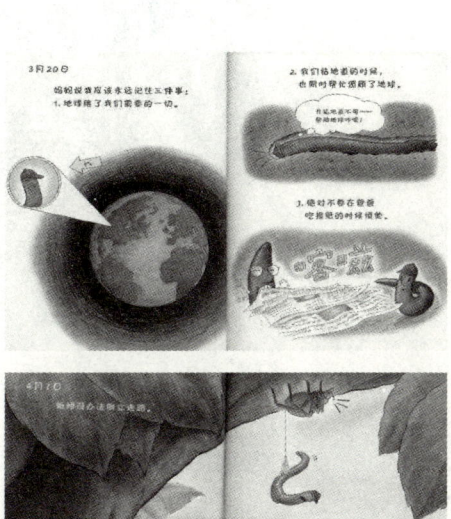

《小猪波波飞》

你也有换牙的时候吧

作　　者：高洪波 著，李蓉 绘
出 版 社：中国少年儿童出版社
出版时间：2013 年 4 月 1 日
定　　价：216.00 元
参考年龄：3～7 岁

· 获中国出版政府奖图书奖提名奖、冰心儿童图书奖 ·

✓ 内容简介 Introduction

春天来了百花香，小猪波波飞却把自己裹得严严实实地出门了。为啥啊？花粉过敏啊！幸好，啄木鸟医生给他打了一针，吃了抗过敏药，波波飞又能蹦蹦跳跳地找小伙伴玩儿了。

过了好久，一天，波波飞在吃最爱吃的苹果时把一颗门牙崩掉了，他哇哇大哭跑回家，妈妈告诉他：这叫换牙，每个小朋友都有这个经历。还教他把牙埋在柳树下，晚上波波飞做了个梦，梦见他的牙长成了一座高高的牙山……

初夏，小猪波波飞架起了小帐篷，在草地上野营，和蚊子进行了一番较量；

盛夏，波波飞来到荷塘边，顶着荷叶，唱起了属于小猪的歌曲，交到了小鱼这个好朋友。

秋天的时候，波波飞来到柿子林，遇到了柿子小精灵。冬天的时候，波波飞伤心地知道，火晶柿子帮助小鸟们度过了冬天。可是，波波飞依然相信，明年会有更多更红的了不起的火晶柿子呢！

冬天，大片大片雪花落下，波波飞和好朋友小兔相约在外面堆雪人。小兔堆了个红萝卜鼻子的小雪人，波波飞呢？他堆了一个大葱鼻子小雪猪！

√ 哈爸推荐 Recommendation

这是一套中国的原创绘本。真实、轻松、不说教、滑稽的动作和困窘的遭遇，让孩子有很好的代入感。希望中国的原创绘本能一路走下去。顶一把。

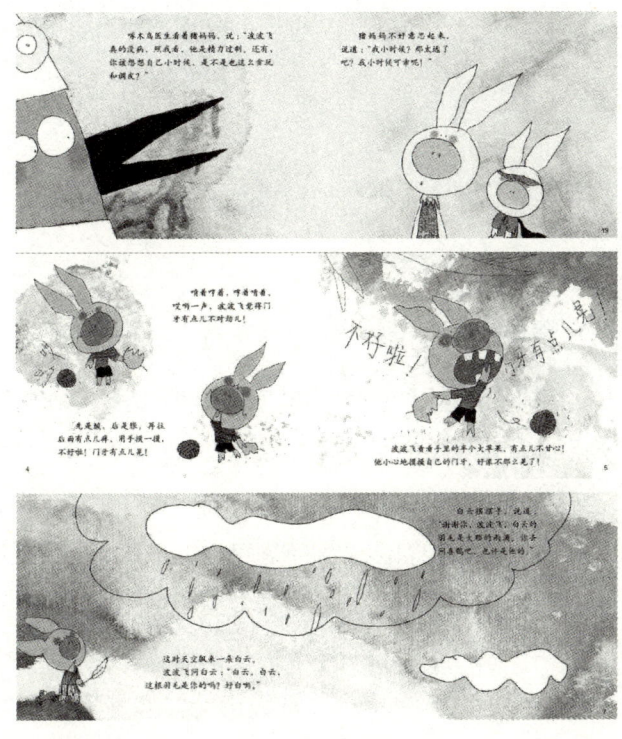

《培养孩子好性格的 80 个经典维尼故事》

和孩子同处一个时代的小熊维尼

作　　者：美国迪士尼公司　著
　　　　　童趣出版有限公司　编
出 版 社：人民邮电出版社
出版时间：2008 年 10 月 1 日
定　　价：35.00 元
参考年龄：3～7 岁

·美国迪士尼公司出品·

✓ 内容简介 Introduction

绘本挑选了 80 个小熊维尼的经典故事，分为"培养好性格""学会动脑筋""友谊贵如金""亲近大自然"四部分，每一部分都由若干小故事构成，并且在故事的开头和结尾处都有提示性文字，告诉孩子们这个故事所要说明的道理。在书中可以看到憨态可掬的维尼，做事毛躁总是爱闯祸的跳跳虎，有些悲观消沉的驴子屹耳，善良胆小的小猪，聪明勤劳但脾气急躁的瑞比，活泼好学的小豆，温和慈祥的袋鼠妈妈等等鲜活生动的形象。重点词汇有加注拼音。

√ **哈爸推荐** Recommendation

迪士尼公司从"米老鼠"到《狮子王》，从"小熊维尼"到《海底总动员》，影响了全球半个多世纪。全世界每年售出的迪士尼儿童图书，约占全球儿童图书销售总量的10%。从这个层面看，家长也需要给孩子讲讲关于小熊维尼的故事，因为它和孩子同处一个时代。

《东方儿童性教育绘本》

让孩子珍惜身体，敬重生命

作　　者：[韩]郑智泳等 著/绘
译　　者：黄仙
出 版 社：北京理工大学出版社
出版时间：2013 年 1 月 1 日
定　　价：60.00 元
参考年龄：3～7 岁

·韩国儿童图书研究会推荐图书·
·韩国幼儿园协会选定优秀儿童图书·
·韩国图书教室推荐图书·

✓ 内容简介 Introduction

绘本共 3 册：

《我的弟弟出生了》：不知从什么时候起，妈妈的肚子一天天大起来，爸爸告诉我，会有一个小弟弟从里面出来。可是那么小、那么漂亮的弟弟怎么进到妈妈肚子里的呢？他又怎么才能从妈妈肚子里出来呢？我又是怎么出来的呢？

《我是女孩，我弟弟是男孩》：我是女孩，我弟弟是男孩。撒尿的时候，我是坐着撒尿的，弟弟是站着撒尿的。这都是因为弟弟有小鸡鸡，我有私密地带的缘故。所以我们一个是女人，一个是男人。可是为什么男人和女人不一样呢？

《我宝贵的身体》：我宝贵的身体，用我的身体能做什么事情呢？可以刷牙、吃饭、穿衣等等，最重要的是我能感受到父母的爱。身体有哪些地方是别人不能碰的呢？遇到我不喜欢的人怎么办？我是我身体的主人，所以我要好好保护它。

√ 哈爸推荐 Recommendation

我不选《小威向前冲》而选《东方儿童性教育绘本》，是因为后者更符合"中国国情"。在流行性解放、性开放的今天，性固有的价值观和神圣性正在逐渐消失，妈妈把孩子抱在膝盖或怀中，与孩子静静分享传统的价值观。接受如此性教育长大的孩子，日后也一定会懂得珍重对方和自己的身体，对生命深怀敬畏和尊重。

《疯狂星期二》

天上有时有猪飞

作　　者：[美] 大卫·威斯纳 著/绘
出 版 社：河北教育出版社
出版时间：2009 年 2 月 1 日
定　　价：29.80 元
参考年龄：3～7 岁

·1992 年美国凯迪克金奖·
·美国图书馆协会年度好书推荐·

✓ 内容简介 Introduction

　　这本书里一共出现了四个空白页，上面注明了时间，它们分别是：星期二晚上快 8 点，晚上 11 点 21 分，清晨 4 点 38 分，下星期二晚 7 点 58 分。这四个注明了时间的空白页不仅仅告诉了我们故事发生的时间，而且也形成了四个段落，一个高潮引出下一个高潮。

　　星期二晚上八点左右，一个寂静的池塘里，在目瞪口呆的乌龟和鱼的注视下，一大群青蛙坐在荷叶上飞了起来。

　　荷叶像天方夜谭里的魔毯一样，载着它们向不远的一个小镇飞去。天空上黑压压一片青蛙，把电线上的小鸟吓坏了。它们从房子上空飞过。一个在厨房吃三明治的男人瞥见了窗外的青蛙，简直是不敢相信自己的眼睛了。

它们冲他招了招手，就穿过晾在院子里的床单，从窗户和壁炉涌进了一个开着电视却睡着了的老奶奶的家里，看起了电视。

凌晨四点三十八分，一只在路上低飞的青蛙撞上了一只大狗，可大狗马上就被铺天盖地的青蛙吓得掉头就逃跑。

天亮了，房子的烟筒上照到了一抹曙光。魔法顿时就失灵了，青蛙纷纷从荷叶上掉了下来，掉到了地上。它们顺着一条小路，从镇上逃回了池塘里。

街道上散落了一地的荷叶，让警察和电视台的人百思不得其解。

下一个星期二的晚上七点五十八分，墙上映出了几个影子，又有什么东西飞起来了。这一回是猪飞了起来，满天的大肥猪！

√ 哈爸推荐 Recommendation

别看上面的内容简介这么多，其实《疯狂星期二》里面没有一个字，这就是所谓的无字书，无字书可不是天书。天书是看不懂的，无字书却可以，因为里面有图画。《莫妮克无字书系列》也值得阅读，插画大师莫妮克·弗利克斯被誉为"世界无字图画书女王"，好的无字书通常更能激发孩子的想象力。

对于成人来说，大卫·威斯纳所描绘的这些画面可能有些匪夷所思，再加上没有文字的描述，让很多成人在第一遍阅读的时候会感到不明所以，不知道作者要表达什么意思。青蛙忽然都飞起来了，为什么？它们去哪儿？经历了什么？莫名其妙地开始，莫名奇妙地终止。但对孩子来说，他们一眼就能明白图画所描述的故事情节，并且发自内心地感到这些场景简直就和他们时常在梦境或幻想中出现的情节一模一样。

大卫·威斯纳的书和一般的绘本不同，没有品德教育，没有行为引导，没有歌颂亲情，没有表扬友谊，只是让你感受超现实的想象，脱离生活的惊喜。两个字：自由。

《第一次上街买东西》

就这样成长

作　　者：[日] 筒井赖子　著
　　　　　[日] 林明子　绘
译　　者：彭懿，季颖
出　版　社：新星出版社
出版时间：2013 年 1 月 15 日
定　　价：78.00 元
参考年龄：3～7 岁

· 日本全国学校图书馆协会选定图书 ·
· 台湾 2003 年"好书大家读"年度最佳少年儿童读物奖 ·

✓ 内容简介 Introduction

《第一次上街买东西》：对一个五岁的孩子来说，"第一次"独自上街去买东西，那可是个伟大的探险啊，虽然只是去离家不远的街口小店。有一辆自行车迎面冲过来，好危险！哇，跌倒了，膝盖破了皮，她会哭吗？手中的硬币掉了，该怎么办？终于走到小店门口，要怎样跟老板开口买东西？……

《阿惠和妹妹》：妈妈出门了，临走前她把照顾妹妹的责任托付给阿惠。可是阿惠一时疏忽，竟然让妹妹走失了。幸好她很快镇定下来……

《妹妹住院了》：阿惠的妹妹最爱拿她的娃娃去玩，阿惠并不太情愿。

但是，有一天妹妹生病住院了，孤单的阿惠和爸爸计划去医院探病。要带什么礼物去给妹妹呢？她写了一封信，准备了折纸，还用包装纸包了一个大礼物……

《是谁送的呢》：香苗家搬到新家了，当爸爸、妈妈都在忙着整理东西的时候，只有香苗听到门口传来了很轻很轻的声响。她跑过去一看，信箱底下有一束漂亮的小紫花，然后是三朵黄色蒲公英，再后来她收到了一封信和可爱的小纸人儿。是谁送的呢？

《神奇的水彩》：佳美的哥哥有神奇的水彩，佳美好想用它来画画。可哥哥总是不同意。这一天，哥哥终于答应把水彩借给佳美。谁知意想不到的事情发生了，尺蠖虫、乌鸦、熊、狐狸、蛇……小动物们也想用神奇的水彩画画。红的、黄的、蓝的……渐渐地，画纸上铺展出一幅妙不可言的图画，这水彩还真有神奇的魔力！

√ 哈爸推荐 Recommendation

总有一个故事会触动孩子或大人，比如《第一次上街买东西》，当看到孩子为难的表情时，不要像有的人那样，把孩子的这些表现只当成挺好玩儿的事情来看待。比如《阿惠和妹妹》，一个小女孩怎么变成姐姐，这中间也有考验和坚强。

《三个强盗》

强硬外表下的那份善良

作　　者：[法]温格尔 编绘
译　　者：张剑鸣
出 版 社：明天出版社
出版时间：2009 年 5 月 1 日
定　　价：32.80 元
参考年龄：3～7 岁

· 1962 年《纽约时报》年度最佳插图儿童书 ·
· 1998 年国际安徒生奖画家奖得主的代表作 ·

√ 内容简介 Introduction

从前有三个很凶的强盗。他们穿着宽宽的黑斗篷，戴着高高的黑帽子，出门都是躲躲闪闪的。第一个强盗有一支喇叭枪。第二个强盗有一个撒胡椒粉的喷壶。第三个强盗有一把巨大的红斧头。

晚上天黑了，他们就到路上去找倒霉的人。每个人见了他们都好害怕。勇敢的男人跑了，女人晕倒了，狗也逃了。

这三个强盗每一次去拦劫马车，都是先把胡椒粉喷到马的眼睛里，再用斧头把马车的轮子砍碎，然后用喇叭枪把乘客赶下车，抢走他们的财物。

这三个强盗藏身在一个很高的山洞里。他们把抢来的东西都运到那儿去。洞里到处都是一箱一箱的钱、手表、戒指、黄金和宝石。

在一个寒冷的黑夜里，这三个强盗又拦到了一辆马车。可是车上只有一个叫作芬妮的孤儿。她正要去投靠姑妈，因为姑妈是个坏心肠的人，所以她很高兴碰到了这三个强盗。

车上没有财宝，只有芬妮，所以三个强盗就用暖和的斗篷把她包了起来，带走了。

他们在山洞里，给芬妮铺了一张柔软的床。她一躺下去，就睡着了。

第二天早上，芬妮醒过来，发现四周都是闪闪发亮的财宝。"这些是做什么用的？"她问。三个强盗结结巴巴地说不出话来，他们从来没有想到要用他们的财宝。

于是，为了要用这些财宝，他们就把所有走丢了的小孩、不快乐的小孩和没人要的小孩，统统找了来。

他们还买了一座美丽的城堡，让这些孩子都有地方住。孩子们戴上红帽子，穿上红斗篷，住进了他们的新家。

很快地，城堡的故事传开了，每天都有人把小孩带到这三个强盗家的门口来。

孩子们渐渐长大了，结了婚。他们也在城堡四周盖起了自己的房子。

房子越盖越多，成了一个小村子，村子里的人全是戴红帽子穿红斗篷的。

为了纪念好心的养父，他们给三个强盗每人建了一座高塔，一共建造了三座高高的塔。

✓ 哈爸推荐 Recommendation

这本书有两种读法。读给成人的，可能要说明的道理是：不少看上去不是强盗的人，虽然不穿黑斗篷，不戴黑帽子，可是他们说不清楚为什么要穷凶极恶地"抢劫"，弄不好我们正当着这样的强盗！

读给孩子的是什么？是一个孩子的力量，还是爱的力量与美好？成年人阅读和孩子的阅读有太大的区别。成年人太成熟和深入了，而孩子还活在简单的乐趣里。

《母鸡萝丝去散步》

世界如此美好,看我闲庭信步

作　　者:[美]佩特·哈群斯　文/图
译　　者:上谊编辑部
出 版 社:明天出版社
出版时间:2009年1月1日
定　　价:27.80元
参考年龄:3~7岁

· 1968年美国《波士顿环球报》/《号角书》杂志奖图画书银奖 ·
· 《纽约时报》年度最佳童书 ·

✓ 内容简介 Introduction

　　这天,母鸡萝丝走出鸡舍去散步。它没有发现,一只狐狸从后面悄悄跟了上来。萝丝穿过农家院子,身后的狐狸扑了上来。可它一脚踩到了钉耙,钉耙一个反弹,狠狠地打到了它的脸上。

　　萝丝绕过池塘,狐狸扑了上来,却栽到了池塘里。

　　萝丝翻过干草垛,狐狸扑了上来,可它一头扎了进去。

　　萝丝经过磨面房时脚钩住了一根线,狐狸扑上来时,上头的一袋面粉正好浇了下来。

萝丝钻过栅栏，狐狸扑了上来，可它跌到了栅栏这边的手推车里。

萝丝从蜂箱下面走了过去，可那辆手推车载着狐狸撞翻了蜂箱，蜜蜂追得它抱头鼠窜。

萝丝回到鸡舍，正好赶上吃晚饭。

✓ 哈爸推荐 Recommendation

《英语儿童文学史纲》里说：经典之作《母鸡萝丝去散步》叙述的重点是隐藏在文字背后的事实。这的确是一本纯粹用图画来讲故事的成功范例。

据说有人计算，整本绘本，一共会让孩子笑七次：当钉耙砸扁狐狸的鼻子时，会笑！当狐狸一头栽进池塘里时，会笑！当狐狸扎进干草垛里时，会笑！当狐狸被面粉埋住时，会笑！当狐狸摔到手推车里时，会笑！当手推车载着狐狸撞翻蜂箱、狐狸被蜜蜂追得抱头鼠窜时，更会笑了，而且一笑就是两次！可以和孩子读读看，母鸡萝丝的散步经历会让孩子的心随着狐狸的行动变化而起伏的。

此外，并不是所有故事里，正义都要与邪恶针锋相对，斗智斗勇后正义终将战胜邪恶。这样的话，孩子的世界未免太平面了。悠闲踱步的母鸡，和那只把自己闹得满头包的狐狸，让孩子哈哈大笑的同时，也会更爱这个丰富多趣的世界吧。

《警官巴克尔和警犬葛芮雅》

居然背诵起了安全法则

作　　者：[美]佩吉·拉特曼　文/图
译　　者：阿甲
出 版 社：河北教育出版社
出版时间：2008 年 5 月 1 日
定　　价：29.80 元
参考年龄：3～7 岁

·获 1996 年美国凯迪克金奖·

✓ 内容简介 Introduction

纳威尔镇的巴克尔警官比任何人都了解安全守则，他负责给孩子们讲安全提示，但是他每次去学校演讲时，几乎没有孩子在好好听，学校里照样发生安全提示里警告过的事情。直到有一天，纳威尔警局买了一条叫葛芮雅的警犬，两个搭档一起去学校给孩子们讲安全提示，奇迹发生了，孩子们听得津津有味，鼓掌欢呼，而且不断有学校来邀请，并且总是叮咛他说："一定要带警犬葛芮雅一起来哦。"警官巴克尔很开心，他一直以为是自己讲得精彩。

其实是警犬葛芮雅在警官讲每一条安全提示的时候在一旁精彩表演，而警官却一直以为葛芮雅一直在边上乖乖地坐着没动呢！直到有一天警官看到电视直播才发现真正的原因，巴克尔很失落，等有学校再来邀请他们俩一起去演讲的时候，警官只让警犬一个人去了，可是警犬孤零零地在台上，后来警犬睡着了，孩子们也一样……再后来，警官和警犬重新合作，警官也想出了第101条警示：永远和你的亲密伙伴心手相连。

√ 哈爸推荐 Recommendation

要为孩子立界限，所以每个父母都要经历不停说"不要……不要……"的阶段。这本绘本，就请巴克尔警官和他的葛芮雅警犬来给家里的"冒险大王"讲安全吧，孩子很快就会在你身边背诵安全法则了，信不信由你。当然这只是这本最看得见的地方，在看不见的地方，它还给孩子埋下了一颗乐于合作的心。

从资料中我了解到，当年作者佩吉·拉特曼真的准备了101条安全提示。她甚至向旧金山警察局负责安全项目的警官求教。这些提示只有六七条出现在文字中，绝大部分都藏在图画里，有些在封面和蝴蝶页上，有些贴在巴克尔警官的公告板上，比如前面蝴蝶页里右下角的"在大狗吃东西的时候千万别烦它"。

《鸭子骑车记》

鸭子骑车，各位当心

作　　者：[美]大卫·夏农 文/图
译　　者：彭懿
出 版 社：南海出版社
出版时间：2010年9月1日
定　　价：29.80元
参考年龄：3～7岁

·美国图书馆协会优秀童书奖·
·北卡罗莱纳2004年绘本奖·

✓ 内容简介 Introduction

　　鸭子骑车记，可以分为四个阶段："左摇右晃""单手骑车""越骑越快""花样骑车"。鸭子先后经过母牛、绵羊、狗、猫、马、母鸡、山羊、猪和老鼠的身边。母牛认为"鸭子骑车是他见过的最愚蠢的事"。绵羊为鸭子担心"要是不小心，他会受伤的"。狗佩服极了，认为"这可是真功夫呀！"猫和马却不屑一顾，一个想"才不会浪费时间去骑车呢"，一个认为鸭子骑得再快也没有他快。

　　鸭子越骑越快，越骑越好：母鸡担心车轮碾着他；山羊想吃鸭子的车子，可一转眼鸭子就骑过去了。鸭子还会花样骑车：单脚站在坐垫上骑，让猪认为这是在出风头；放开车把骑，令小老鼠敬佩不已……

动物骑车狂欢开始了。所有的动物都有自行车骑了。

√ **哈爸推荐** Recommendation

一本教孩子"疯狂"享受生活的图画书：一个疯狂的念头、一次疯狂的尝试、一场说走就走的旅行……生活就不会有那么多毫无创意、百无聊赖的日子了。

这真是只不一样的鸭子：突发奇想的鸭子，勇于尝试的鸭子，我行我素的鸭子，分享快乐的鸭子，紧盯更高目标的鸭子——这本书可以实用到帮助孩子消除学骑自行车的害怕，也可以诗意到带给孩子精神飞翔的自由。

这本书里，还有一种味道吸引着孩子。学走路，学说话，学吃饭，学……学骑车，挑战自我的味道，孩子最知道！

《100万只猫》

内敛的小猫最漂亮

作　　者：[美] 婉达·盖格　文/图
译　　者：彭懿
出 版 社：南海出版社
出版时间：2010 年 8 月 1 日
定　　价：20.00 元
参考年龄：3～7 岁

· 美国史上第一本"真正的绘本"·
· 荣获纽伯瑞大奖 ·
· 被《纽约时报》誉为"读者永远的最爱"·

∨ 内容简介 Introduction

　　一个老奶奶想要养一只猫，老爷爷就翻山越岭去帮她找猫，结果带回家"几百只猫，几千只猫，几万只猫，几百万只猫，几亿万只猫"。这些猫为了争谁是最漂亮的猫而互相撕咬，把对方都吃掉了，用老太太的话来说，就是"它们一定是你吃我、我吃你，通通被吃掉了"。

　　只留下了一只瘦小的小猫，它没有争着证明自己最漂亮，所以只有它留下来了。老爷爷和老奶奶悉心照顾它，它慢慢长得又胖又可爱，这时他们觉得它其实才是那只最漂亮的猫。

哈爸推荐 Recommendation

书中的图画是黑白色的，孩子们可以完全展开自己丰富的想象力，讲述这个故事，即使他们并不认识上面的字。

当孩子看到这漫山遍野的，几百只猫，几千只猫，几万只猫，几十万只猫，几百万只猫，几千万只猫，几亿万只猫时，孩子的嘴巴一般要变成O型了。老爷爷领着一百万只猫回家的情景，真是很壮观的场面吧。

书里的那些排比句，很有阵势，也非常有趣味。"有几百只，几千只，几百万只，几千万只，几亿万只猫"。这些词语不断重复，孩子也会夸张地学。

《100万只猫》1928年出版，被誉为美国第一本"真正的绘本"，拉开了20世纪30年代"绘本黄金期"的序幕。婉达·盖格的笔触如行云流水，她一直认为，绘本创作也是不折不扣的艺术创作，即使对象是小孩，也要全力以赴。正如这本书里把平凡、内敛这种美德潜移默化地传递给孩子，不说教，却寓意深远。

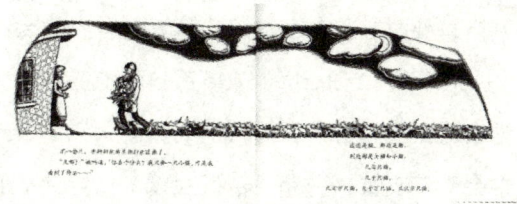

《青蛙弗洛格的成长故事》

孩子与青蛙弗洛格的共鸣

作　　者：[荷] 马克思·维尔修斯
出　版　社：湖南少年儿童出版社有限责任公司
出版时间：2006 年 6 月 1 日
定　　价：57.60 元
参考年龄：3 ~ 10 岁

·国际安徒生奖·

·法国 Prix de Treize 大奖·

·荷兰 Golden Pencil 金画笔奖·

✓ 内容简介 Introduction

弗洛格是一只普通的绿色小青蛙，他在成长时遇到的困惑和难题，是每个成长中的孩子都会遇到的。而他的好朋友们陪伴着他，一起度过了虽然困难多多却又无比美好的童年。文字透着生动和浅浅的幽默，图画则是鲜有的简笔画风格，被西方艺术家誉为"简笔画世界的杰作"。

故事共 12 册，每个故事都自然流露出某个重要的主题，《我就是喜欢我》：学会对自己有信心；《特别的日子》：学会热爱生活；《找到一个好朋友》：学会珍惜友情；《弗洛格找宝藏》：学会战胜困难；《弗洛格和陌生人》：学会接纳与自己不一样的人；《弗洛格吓坏了》：学会战胜恐惧；《鸟儿在歌唱》：学会珍爱生命；《爱的奇妙滋味》：学会给予爱和接受爱；《冬天里的弗洛格》：学会关爱别人；《难过的弗洛格》：学会让自己快乐；《弗洛格是个英雄》：学会助人和自助；《弗洛格去旅行》：学会接触外面的世界。

√ 哈爸推荐 Recommendation

便宜！铜版纸，12本，值！

简笔画的杰作！

看多了绘本故事书的家长可能会觉得，故事平淡，画面简单，甚至没讲啥内容，算不得好书，并且认为孩子看过很多比它故事情节更复杂，画面内容更丰富的书，应该不会喜欢。而往往实际是，孩子与青蛙弗洛格的共鸣，让大人不得不重新审视这套书。

孩子的内心世界和情感如此丰富和复杂，大人不能理解，孩子也不能自我表达。这套书正好替孩子表达出了他们的感觉，告诉他们那些感觉是什么。

健康快乐是宝宝最重要的

《点》
一"点"激发无限可能

作　　者：[加]雷诺兹 编绘
译　　者：邢培健
出 版 社：南海出版社
出版时间：2010年6月1日
定　　价：25.00元
参考年龄：3～12岁

·克里斯托弗大奖·
·囊括美国十项年度童书大奖·
·入围奥斯卡最佳动画短片奖·

✓ 内容简介 Introduction

"那就随便画一笔，看看能画出什么。"瓦士缇的老师请她随意地表达自己。但是瓦士缇不会画画——她不是艺术家。为了证明这一点，她在一张空白的图画纸上戳了一个极其普通又充满愤怒的点。就是这个小小的点让瓦士缇开始了充满惊喜的自我发现之旅。这个小小的点是雷诺兹这个激发我们所有人创造力的精妙寓言的起点。这个小小的点，标志着开始。

✓ 哈爸推荐 Recommendation

2014年暑假，我参加了一个party，party有一个名字叫"果果的世界"。果果小学刚毕业，这是她的画展，也是她的新书发布会。果果的爸爸说，有一次果果一家受邀参加果果同学的音乐会，果果很是羡慕。果果爸爸当时就对果果说：你要是愿意，爸爸妈妈也可以为你举办呀。

举办什么呢？果果在2013年的元宵节买了两只鹦鹉，一只叫"元"，一只叫"宵"，受到爸爸妈妈的激励，她开始写养鸟日记，开始画鸟。于是就有了一本书《"元宵"的故事》，有了"果果的世界"。

这次party来了很多小朋友和大朋友，我相信他们也会受到这次party的激励。这和《点》里的故事何其相似啊。

故事里，美术课下课，瓦士缇的画纸空白一片，她对老师说："我就是不会画图呀！"老师平静温和地鼓励瓦士缇试着画几笔。没想到火气不小的瓦士缇抓起笔来，用力往纸上点了一下，"喏！"顺手把画纸递给老师交差了事。老师没半点不高兴，看了看纸上那一个点，想了想，把画纸推回瓦士缇面前，轻轻说了句："请签名。"瓦士缇想她虽然不会画画，但签名难不倒她，就在纸上签了名。

没想到一星期后，她走进美术教室，竟发现自己那张只画了一个点的画，被配上金色的画框，悬挂在老师的座位后面。望着那张画，瓦士缇两手交叉在胸前，皱着眉头说："嗯！我可以画得更好！"于是她打开从来没用过的水彩盒，开始认真地涂涂画画。她画了一张又一张，黄点、绿点、红点、蓝点，小点、中点、大点，各式各样的点。几个星期后，她的点点画在学校的联展上大受欢迎……故事并未就此结束！瓦士缇后来开始去激励其他的小朋友。

希望我们都能用一句真诚的赞美，一个鼓励的眼神，一次严肃的承诺，成为激发孩子无限潜能和创造力的那一"点"，也希望孩子学会鼓励赞美他人。

《糟糕，身上长条纹了！》

太在乎别人的评价，就会迷失自己

作　　者：[美]香农
译　　者：黄筱茵
出 版 社：河北教育出版社
出版时间：2011 年 5 月 1 日
定　　价：31.80 元
参考年龄：3～99 岁

✓ 内容简介 Introduction

卡米拉是个人见人爱的漂亮小姑娘，开学前，她翻箱倒柜，试了 N 套衣服，可没有一套能让她满意。她想找到一件让大家都喜欢、都满意的衣服，因为她实在是太在意别人对她的看法了。不但穿衣如此，就连饮食也如此。因为其他同学不喜欢吃青豆，所以卡米拉从来不敢说出自己其实很喜欢吃青豆的心声。找来找去，每件衣服仿佛都不能担当这个重任。第二天一早，她在镜子里发现了一个大问题。她的身上布满了条纹。这对卡米拉来说是不能接受的，她不可能再去上学了。这下倒好，不用再为穿什么衣服发愁了。

家庭医生来给卡米拉诊断，可除了身上有条纹外，他找不到任何让卡米拉休假的理由，所以卡米拉第二天必须去学校。这回，这个昔日讨人喜欢的小姑娘在同学面前遭到了前所未有的嘲弄，她简直成了变色龙。卡米拉的窘境可想而知。晚上,就连校长也打来电话勒令卡米拉在家休息,这次再来给卡米拉治病的已经上升到专家的级别,但无济于事……

就在卡米拉和家人陷入绝望中时,一位长相甜美如草莓般的老奶奶敲响了她的家门。看到卡米拉,老奶奶诊断出卡米拉得了非常严重的条纹病,治疗方法是吃青豆。卡米拉习惯性地、言不由衷地拒绝吃青豆。无奈,老奶奶只能离开。就在老奶奶转身的刹那,卡米拉觉醒了。自己现在的境况远比吃青豆遭人嘲笑要糟糕得多,那么还怕什么呢?那美味可口的青豆不正是她长久以来一直想吃却不敢吃的吗?压抑了这么久,现在卡米拉要做回自己。

卡米拉叫住了老奶奶,吃了青豆。瞬间,一切都在旋转。风暴过后,站在房间中央的正是那个昔日人见人爱的卡米拉。她又变回了自己。

后来,卡米拉变得和从前不一样了。同学们认为她很奇怪,但她不在意。她尽情享用自己喜爱的青豆,身上也再没长出过条纹。

√ 哈爸推荐 Recommendation

孩子看到这个绘本,通常的反应是又爱又怕,爱的是奇怪身上为什么会长条纹,怕的是身上长条纹的封面比较恐怖。那么可以抱着孩子读,或者让孩子躲在你的后面。

孩子应该不会特别理解这本书所要表达的意思,但这有什么关系呢。同样一本书,不同的时间段会看出不同的内容和意义,所谓常看常新。开始的时候,孩子停留在对小姑娘卡米拉身上的各色条纹感兴趣的阶段,充满了好奇,为什么卡米拉身上会变出这么多条纹。

慢慢地,潜移默化中,就知道太在乎别人的评价,就会迷失自己,我们大人不也经常如此吗?

《犟龟》

只要上路，就能遇见庆典

作　　者：[德]恩德
　　　　　[德]施吕特　图
译　　者：何珊
出 版 社：二十一世纪出版社
出版时间：2009年1月1日
定　　价：25.00元
参考年龄：4～99岁

· 德国当代最优秀的幻想文学作家米切尔·恩德的《毛毛》和《永远讲不完的故事》等已经成为世界名著并为中国读者所熟知 ·

✓ 内容简介 Introduction

　　一天，小乌龟在洞前吃着树叶，忽然听到一对鸽子在交谈：狮王二十八世要举行婚礼了，它邀请了所有的动物都去参加。小乌龟心想：为什么我不去参加这有史以来最热闹的婚礼呢？去狮子洞的路程很远，但对于从未见过世面的小乌龟来说，的确是一个很大的"诱惑"。经过认真思索，第二天，小乌龟终于上路了。途中它不仅遭到其他动物的嘲笑和阻止，还走了许多的冤枉路，在遭遇二十八世身亡婚变的情况下，它仍然前行，最后，竟赶上了狮王二十九世的婚礼，看到了最盛大最美丽的场面！

哈爸推荐 Recommendation

我要承认的是，首先是我自己非常喜欢这个绘本。我的意思是说，我经常用《犟龟》这个故事来激励自己。因为我知道我是一个三分钟热度的人。

我是在新教育研究中心时第一次看到这个绘本的。《犟龟》可以说是我们新教育研究中心最经常被提及的一本书，另外一本是《石头汤》。因为新教育作为一个民间的教育公益组织，面临很多的挑战。我们用《石头汤》的故事希望每个人都贡献自己的力量，哪怕是很小的力量，也会众人拾柴火焰高。我们用《犟龟》来激励自己，相信"只要行动，就有收获"，相信"只要上路，就能遇到庆典"。

我不知道有多少人相信，反正我是信了。

《大脚丫跳芭蕾》

做自己喜欢的事

作　　者：[美] 埃米·扬　文/图
译　　者：柯倩华
出 版 社：河北教育出版社
出版时间：2007 年 4 月 1 日
参考年龄：4～99 岁

∨ 内容简介 Introduction

　　有一个跳芭蕾舞的女孩名叫贝琳达。贝琳达喜欢跳舞。可在她参加一年一度的芭蕾舞表演选拔时，评审委员一看到她的脚就大叫："暂停！"有人说她的脚大得像条船。贝琳达还没有试跳，评审们就说："回去吧。你那一双脚，永远跳不好！"

　　贝琳达很难过，难过了好久好久。她想："或许那些评审委员说得对，我的大脚真的不适合跳舞。"于是，贝琳达放弃了跳舞。

　　既然不再跳舞，她就得找别的事做，可是，她除了跳舞，什么都不会。她找啊找，终于在费莱迪餐厅找到工作。餐厅里的客人喜欢她，因为她动作快、脚步轻巧灵活。费莱迪先生也喜欢她，因为她做事很认真。贝琳达喜欢费莱迪先生和餐厅里的客人，不过她还是忘不了跳舞。

有一天，有个乐团来餐厅表演，他们自称"费莱迪好友乐团"，在餐厅开门营业前，他们先练了一首轻快的曲子，不知不觉中贝琳达随着曲子跳起舞来了！有一天，费莱迪先生问贝琳达愿不愿意跳给客人看。贝琳达微笑着回答："噢，当然好啊！"

餐厅里的客人都很喜欢她的表演。他们高兴地去告诉他们的朋友，那些朋友第二天就来到费莱迪餐厅。他们也非常喜欢……他们又告诉其他朋友。很快地，每天都有很多人来费莱迪餐厅看贝琳达跳舞。

大都会芭蕾舞团的指挥听说了这件事，他的朋友的朋友叫他一定要去看贝琳达跳舞。他去了。他很惊讶，非常赞赏，觉得好感动。

"你一定要来大都会剧院表演！"他激动地说，"请你答应我！"贝琳达笑着回答："噢，当然好啊！"餐厅里的客人都鼓掌欢呼起来。

就这样，贝琳达到了大都会剧院，随着"费莱迪好友乐团"美妙的音乐翩翩起舞。她好喜欢跳舞！评审委员们大喊："太精彩了！多么像燕子、鸽子、羚羊啊！"他们全神贯注地看她跳舞，完全没有注意到她的脚有多大。

贝琳达快乐极了。因为她可以跳舞，一直跳舞。至于评审委员说什么，她一点也不在乎了。

√ 哈爸推荐 Recommendation

一个孩子的绘本，完全可以讲述这样一个成人故事——勇敢坚持，就会遇到舞台。希望孩子面对事物的表象时，可以看到真正的内涵和价值。也让孩子尊重别人，不把嘲笑别人作为好玩有趣的娱乐。同时，提醒讲故事的大人们，让所有小孩充满热情地去做事，多肯定并给予支持，也许小孩的天空会因我们的做法而拓展开来！

《你很特别》

每个人都是独一无二的

作　　者：[美] 陆可铎 著
　　　　　[美] 马第尼斯 绘，丘慧 文
译　　者：郭恩惠
出 版 社：中央广播电视大学出版社
出版时间：2010 年 11 月 1 日
定　　价：15.00 元
参考年龄：4～99 岁

√ 内容简介 Introduction

　　微美克人整天都只做一件事，而且每天都一样：他们互相贴贴纸。每一个微美克人都有一盒金星贴纸和一盒灰点贴纸。他们每天在大街小巷里，给遇到的人贴贴纸。

　　胖哥是一个身上满是灰点的微美克人。因此，他很少出门，每次他出去就会去跟有很多灰点的人在一起，这样他才不会自卑。

　　有一天，胖哥遇到了她，露西亚。她的身上既没有灰点点，也没有星星，就只是木头。在她的身上贴纸根本粘不住。

　　露西亚让胖哥去找伊莱，一个木匠巨人。

　　"喔，孩子，你不用在我面前为自己辩护。我不在乎别的微美克人怎么想。"

　　"你不在乎？！"

"我不在乎，你也不应该在乎。给你星星或点点的是谁？他们和你一样，都只是微美克人。他们怎么想并不重要，胖哥。重要的是我怎么想。我觉得你很特别。""当你在乎贴纸的时候，贴纸才会贴得住。你越相信我的爱，就越不会在乎他们的贴纸了。"

"我不太懂。"

伊莱微笑地说："你会懂的，不过得花点时间，因为你有很多贴纸。现在开始，你只要每天来见我，让我来提醒你我有多爱你。"

伊莱把胖哥从工作台上捧起，放到地上。当胖哥走出门时，伊莱对他说："记得，你很特别，因为我创造了你。我从不失误的。"

胖哥并没有停下脚步，但他在心里想：我想他说的是真的。

就在他这么想的时候，一个灰点掉下来了。

√ 哈爸推荐 Recommendation

这就是我们的世界，忙于贴标签和被贴标签。在所有事情中，只有一件需要在孩子的心里扎根，那就是每一个孩子都需要知道的一个真理："在爸爸妈妈眼里，你是宝贝。你是独一无二的。"

《花婆婆》

做一件让世界变得更美丽的事

作　　者：[美]库尼　文/图
译　　者：方素珍
出 版 社：河北教育出版社
出版时间：2007年4月1日
定　　价：29.80元
参考年龄：4~99岁

· 1983年美国国家图书奖 ·
· 入选《美国人》杂志"新英格兰100本经典童书" ·

√ 内容简介 Introduction

一个小女孩，跟爷爷住在海边。爷爷常常讲一些远方发生的故事给她听。小女孩对爷爷说：我长大以后，要像你一样去很远的地方旅行；我老的时候，也要像你一样，住在海边。爷爷说：很好，但是你要记得做一件让世界变得更美丽的事。

小女孩长大后，真的去很远的地方旅行。有一年，她骑骆驼时，不小心摔伤了，她就到海边住下来，每天看着日升日落，她觉得这个世界已经够美了，还能做什么让世界变得更美丽的事呢？她买了很多鲁冰花的种子，每天出门就到处去撒种子,邻居的小孩子常常跟在她后面,叫她"怪婆婆"。

第二年春天,整个小镇的教堂边、教室边、小路、海边,都开满了美丽的鲁冰花,大家才知道,原来她是在撒花种子。从此以后,大家就改口叫她"花婆婆"。后来,有很多小朋友常去听她讲故事,她讲的是很远的地方所发生的故事。有一次,一个小女孩对她说:我长大以后要像你一样,去很远很远的地方旅行,我老的时候也要像你一样住在海边。她说:嗯!很好,但是你要记得做一件让世界变得更美丽的事……

✓ 哈爸推荐 Recommendation

安安静静的美丽,情感洋溢的情调。给孩子读一本有气质的绘本,很有必要。

如今家中大都只有一个小孩,予人予世界的品格教育,要么显得单薄,要么显得直接,《花婆婆》的特点,就是将追求自我和造福他人讲得美好而有涵养。

艾莉丝晚年扮演了爷爷的角色,把美好的信念播撒在更多孩子的心里,故事巧妙的回环中,衔接出生命传承的蕴意。

其实,这个故事打动孩子,也让女人们热泪盈眶。库尼画笔下的那个花婆婆,总是一张侧脸,一个人昂起头,任风吹乱头发。她把画面推得那么远,让人一闭上眼睛,就浮现出那个身披草绿色风衣、伫立在海边山丘上的身影。

《田鼠阿佛》

让世界慢下来

作　　者：[美]李欧·李奥尼 文/图
出 版 社：南海出版社
出版时间：2010年9月1日
定　　价：29.80元
参考年龄：4～99岁

· 四度凯迪克奖得主李欧·李奥尼巅峰之作 ·

✓ 内容简介 Introduction

阿佛是一只看似懒散的田鼠,当别的田鼠都正为即将到来的寒冬忙着收集玉米、麦穗、坚果和干稻草的时候,田鼠"阿佛"却什么都不做,只是独自蹲在一边发呆、神游。

小田鼠很奇怪,就问他:"阿佛,你怎么不工作呀?""我在工作啊!"阿佛说:"我在为寒冷、阴暗的冬天收集阳光。"当他们看见阿佛呆呆地坐在那儿,凝视着大草原时,又问:"那现在呢,阿佛?""我在收集颜色。"阿佛简单地回答,"冬天总是灰灰的。"有一回,阿佛看起来像是快睡着了,他们责备他:"阿佛,你在做白日梦啊？""哦，不！"阿佛说："我正在收集词语，冬天的日子又多又长，我们一定会找不到话说的。"小田鼠们有些不解，还有点生阿佛的气。

寒冷的冬天来了。小田鼠们躲进了洞里。起先小田鼠们还会开开心心地聊天吃东西，可后来，食物吃光了，大家也渐渐没了精神。这时候，他们想起阿佛说过的阳光、颜色和词语。他们问："阿佛，你收集的那些东西呢？""闭上你们的眼睛。"阿佛一边说，一边爬上一块大石头，"现在我把太阳的光撒给你们，你们是不是也感觉到那金色的光芒……"当阿佛说到太阳的时候，四只小田鼠开始觉得暖和多了。他们还好像听到了阳光闪耀的声音，那是阿佛的声音吗？还是魔术？

然后，他们看到阿佛又"拿出"了他收集的颜色和词语。寒冷的冬天不再寒冷、寂寞了，大家变得更团结了。原来，冬天也是可以多姿多彩的。

✓ 哈爸推荐 Recommendation

很多人看了田鼠阿佛的故事，都会写出类似以下的评语——"只有阿佛最懂得人生的真谛，最懂得如何生活，而不是庸碌地只满足最肤浅的物质需要。"

其实我们应该同样欣赏那四只勤勤恳恳干活的小田鼠——他们在自己忙碌的时候，并没有批评或指使阿佛去干活；他们在冬天阿佛做出美丽诗篇的时候，很高兴地给阿佛鼓掌……这种和谐与合作的精神，与提升灵性的阿佛相比，同样值得赞赏！

在李欧的这个作品里，没有故事书里通常意义上的反派，五只小田鼠虽然分工不同，但他们合作默契，彼此欣赏，所以能够快乐和谐地生活在一起！

《爱心树》

施比受更有福

作　　者：[美] 希尔弗斯坦　编绘
译　　者：傅惟慈
出 版 社：南海出版社
出版时间：2013 年 11 月 1 日
定　　价：25.00 元
参考年龄：4～99 岁

· 美国教育部评选的百部最受教师和孩子喜爱的书之一 ·

✓ 内容简介 Introduction

从前有一棵大树，它和一个男孩儿是好朋友。每天男孩儿都跑来和它一起玩，他们很快乐。可是随着时光流逝，男孩儿长大了。大树感到了孤寂。一天，孩子来看大树，"我需要一些钱。"于是大树把自己的苹果给了孩子。后来又一天，长大了的孩子来了，"我需要一幢房子。"于是大树把所有的树枝都给了孩子。又过了很长时间，孩子又回来了，"我需要一条船，驾着它到远方去。"于是大树又把自己的树干给了孩子。又过了很久，已经变老了的孩子回来了。"非常抱歉，孩子，"大树说，"我现在只是个老树墩，没有什么可以给你的了。""我现在需要的实在不多,"孩子说,"我只想找个安静的地方坐坐,我太累了。"于是孩子坐下了。大树很快乐。

✓ 哈爸推荐 Recommendation

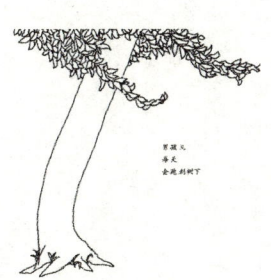

看起来只是简单朴实的插图、浅显的文字,但面对这本绘本,我却不好给一个完整的评价。

有人认为它是一则有关"索取"与"付出"的寓言;有人说它讲述了爱、成熟与完美,有人则认为它照见了人类的贪婪;有人读出温暖,有人读出哀伤;有人说它写实了社会,有人说它看到了父母;有人评价它暗含人生讽刺,有人评价它富含生活哲学;有人读它落泪,有人读它愤懑……

看来,这真是本阅读时很快,思索时却很长的绘本。总之,不管孩子当下读出了什么,千万不要给他所谓的"标准答案",千万不要!

《失落的一角》

做回最初的自己

作　　者：[美] 谢尔·希尔弗斯坦　编绘
译　　者：陈明俊
出 版 社：南海出版社
出版时间：2008 年 3 月 1 日
定　　价：28.00 元
参考年龄：4～99 岁

· 获国际读书协会最受儿童欢迎图书奖 ·

✓ 内容简介 Introduction

　　一个圆缺了一角，它一边唱着歌一边寻找。因为他身上缺了一个角，所以滚得慢了。他时不时停下来和雨地里的小虫谈谈心；有时休息够了就与小甲虫们赛跑；有时蝴蝶停到他背上与他一同跳着"摇滚"……他十分快乐，交到了许多朋友。平地、上山、下山……在不断寻找的过程中，他碰上一些其他角，有的角太大，有的又太小；有的因为没咬紧，丢了；有的因为咬得太紧，碎了；有的却是利箭，他吞下去，差点儿把命都搭进去。它飘洋过海，历经风吹雨打，终于找到了与自己最合适的那一角，它们组成完整的圆，但是圆却发现他不能再与昔日的朋友小虫、甲虫、蝴蝶一起唱歌、谈心、赛跑、跳舞……他变得寂寞与伤心。

所以它轻轻放下已经寻到的一角,又独自上路继续它寻找的征途……

√ 哈爸推荐 Recommendation

有读者说,刚打开来还以为是印刷错误,因为太简单了,非常简单,简单到只剩下一根纯粹的线。

可这样的简单,却包含着极厚重的复杂,以致我犹疑该怎么来写这给孩子看的推荐语了。讲"有时完美并不是完美,缺憾并不是缺憾,有时完美就是一种缺憾,缺憾就是一种完美"?这样讲是不是太没美感了?!

好吧,那在我对艺术天才希尔弗斯坦的传世经典的敬仰中,不说任何话了,他粗糙的线条里,有精致的千言万语。

如果你像我一样,喜欢上了这位诗人、插画家、剧作家、作曲家、乡村歌手,20世纪最伟大的绘本作家,那你有福了,《什么都要有》《人行道的尽头》《阁楼上的光》《向上跌了一跤》是他的儿童诗歌集。他的绘本《谁要一只便宜的犀牛》《一只会开枪的狮子》《失落的一角遇见大圆满》《一只加长十分之五的长颈鹿》等都已经在国内出版。每一本书的书名都让人过目不忘。

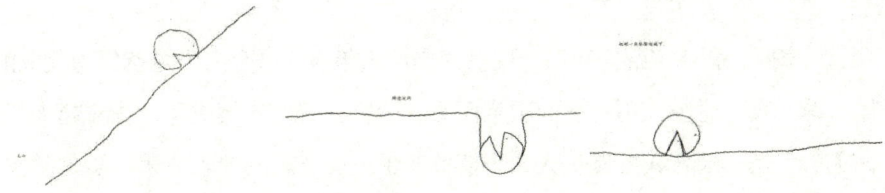

《我不是完美小孩》

孩子不完美，父母也不完美

作　　者：幾米
出 版 社：海豚出版社
出版时间：2011 年 4 月 1 日
定　　价：38.00 元
参考年龄：5～99 岁

✓ 内容简介 Introduction

大家好，我叫"郝完美"，现在读小学三年级。这个名字是爸妈为我取的。他们说，我小时候，不管正面看背面看，醒着睡着，或笑或哭，我看起来都好完美。可是，随着我慢慢长大，事情就变了……爸妈的要求愈来愈多，学校的要求愈来愈严。

我觉得很累，真想大叫：我不是完美小孩啦！我想知道，世界上有多少人跟我一样觉得自己不完美。所以我鼓起勇气站上台，讲出了我对这件事的想法。所有放弃追求完美的小孩和大人，欢迎来听讲。

我知道我不是一个完美的小孩，但你们从来也不是完美的父母，所以我们必须互相容忍，辛苦坚强地活下去。大人希望自己孩子的脑袋里，开出智慧的花朵，而别人孩子的脑袋里，最好只是一堆杂草。

……

当我为你歌唱时，请别挑剔我五音不全。当我为你写诗时，请别嫌弃我言语乏味。当我为你跳舞时，请别嘲笑我四肢僵硬。请告诉我，只要是我为你做的一切，都令你感到幸福。

✓ 哈爸推荐 Recommendation

这个绘本是"治愈系"的，对大人和小孩来说都是如此。我想起王怡牧师写的一篇文章《一个完美孩子的定义》，里面有一段话是这样的：

当初在产房外面，我的要求很低，只要和其他孩子一样，不多一样，也不少一样，就满足了。随着他摸爬滚打，越长越大，我的欲望就越来越强。我的孩子要比人乖，要比人帅，要比人家早一个月说话，早一个月拉屎，早一个月背唐诗，才让我踏实。

……

难道我对他的要求越来越高，就意味着我越来越爱他？我若越来越爱我的孩子，就应当对自己的要求越来越高，而不是对他的要求越来越高。指不定谁成全谁呢。我对他的要求太多，对自己的要求太少。就像考公务员一样，他要成为我儿子，必须要过五关斩六将。而我成为他父亲，却是开后门进来的。具体来说，就是靠他妈的关系混进来的。

愿我们和孩子都知道孩子不完美，我们自己也不完美，如此，就不那么焦虑了。

大人希望小孩能按照他们的希望，长成一个令人羡慕的模范儿童，但大人的希望，却总是让小孩感到深深失望。

小孩火大时，大人一定要保持冷静。大人火大时，小孩一定要赶快逃命。

第四篇

聪明智慧地
编织世界

...

学习并运用科学、语言、心理等知识，去体察并感悟世界的原理。

《你认识这些车吗》

小车迷有福了

作　　者：[德] 沃尔夫冈·梅茨格
译　　者：顾白
出 版 社：连环画出版社
出版时间：2011 年 1 月 1 日
定　　价：12.00 元
参考年龄：1～4 岁

✓ 内容简介 Introduction

这是一本全景式的情境认知绘本，通过真实的场景再现，让孩子了解消防队、农场、机场和我们生活的城市，以及那些遍布在我们身边的各种车辆和机械，同时，让孩子通过精美细致的图画去观察和发现，认知各种车辆的型号、类别以及各自的功能。每一种车辆的认知，都设定在一个特定的环境下，使得认知变得有趣而实用。

哈爸推荐 Recommendation

朋友招呼一个饭局，来接我时特地告诉我他孩子（男孩）喜欢汽车，问我有没有相关的绘本推荐。有的，有的，当然有的。比如这本定价才12元的《你认识这些车吗》。

书虽便宜，但信息量可真大，充满各种各样的细节，各种各样的人物和故事，真是大开眼界。一看作者，难怪，德国人写的。确实是生活中常见的场景，画面细腻，色彩丰富，多而不乱，每次看都会有新发现——这里有个交通事故，那里有个车拖着撞坏的车去维修……

这本书不像很多认知书，只是简单地把图陈列在那里，而是通过场景和故事来呈现。比如通过城市是怎么清理垃圾的，孩子就知道了有压缩车、清扫车、吸粪车。通过消防员救火治水还救动物，知道消防车……

稍微有点可惜的是，一些车大人都不认识，书里也没有标注，不过这一点也不影响孩子对这本书的喜爱程度。也很推荐作者的另外一本《建筑工地》，也是通过真实的场景，告诉孩子如何盖一所房子，修一条马路，还会知道那些勤劳的工人的不同分工，同时还会认识各种各样的机械与工具。

我知道很多小车迷看上面两本可能不会满足，那就再推荐《揭秘汽车》，曾获英国"地理学会"银奖，它通过翻翻、拉拉、信封等多种互动形式，让孩子可以打开汽车工厂的大门，看看自己喜欢的车是怎么生产出来的，还可以打开车盖，了解汽车的工作原理……从汽车组装、喷漆、出厂测试、工作原理、修理到不同年代的各种汽车、炫酷的赛事、汽车的历史、汽车的回收等等，给热爱汽车的孩子最全的汽车知识。

还不满足？那就再来：《开车出发系列（共7册）》《汽车嘟嘟嘟图画书（共7册）》。

《可爱的身体》

让孩子学做"健康小卫士"

作　　者：[日]七尾纯，小林雅子 文
　　　　　[日]今井弓子 等图
译　　者：[日]猿渡静子
出 版 社：南海出版社
出版时间：2010 年 1 月 1 日
定　　价：88.00 元
参考年龄：1～4 岁

√ 内容简介 Introduction

这套书有8本，每一本都是一个小故事，以第一人称的方式，通过讲述，插入了各种关于身体的小知识，很形象也很生动。在每本书后都配有给妈妈的话，给父母提供更详细的知识和注意要点。

《谁是蛀虫的朋友》从一个蛀虫的角度，讲述了一个蛀虫通过努力把小冬的牙齿蛀空的故事，我的感觉是比《牙齿大街》那本讲述得更形象。

《拉便便，真舒服》顾名思义是一本关于大便的书，讲解了人体的消化过程。

《肚脐，你好吗？》一本关于生命诞生的故事，肚脐是我们曾经生活在母亲肚子里的证明，告诉我们平时需要保护好肚脐。

《听听身体怎么说》是一本关于体检的书，相信读完故事，会减轻小朋友对于体检的恐惧。

《打预防针，我不怕》跟着小主人公朵朵打预防针的过程，告诉孩子为什么我们要打预防针，打预防针有什么作用，打完后又要注意什么。

《挺起胸来，直起背》是一本关于骨头的故事，告诉我们骨头的重要性，以及在平时的生活中哪些食物对身体有益，哪些是有损害的。

《眼泪小精灵，谢谢你》从眼泪的角度告诉孩子，眼泪有什么作用，平时应该怎样保护眼睛。

《血液兄弟好样的》以红血球为主人公，讲述了红血球、白血球、血小板的作用及它们的产生过程。

✓ 哈爸推荐 Recommendation

有时候都不得不感叹，怎么又是日本人写的书。不过不得不承认，人家有的地方就是比我们强，尤其是婴幼儿的绘本创作上。讲身体的绘本不多，讲得这么"可爱"的就更少了，都可以让孩子学做自己的"健康小卫士"了。

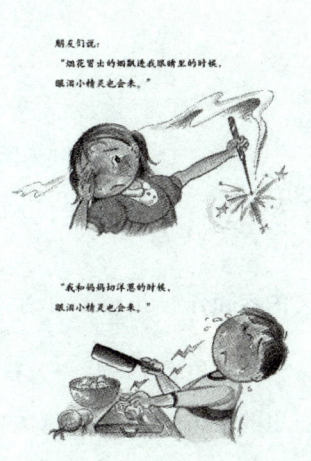

比如孩子知道了零食不能多吃，因为会影响骨骼的生长；知道眼睛进了沙不能揉，眼泪小精灵会来帮忙；知道受伤要及时擦药，虽然有点疼但能杀死坏细菌；知道睡觉要盖好肚子，不能让肚脐受凉；知道要多吃蔬菜水果，有利于骨骼成长，也有利于便便排出来；打预防针和做体检对我们有好处，有点疼但要忍受……

这些以前反复说都做不到的好习惯，通过读故事孩子都轻而易举地做到了！

《鳄鱼怕怕，牙医怕怕》

相同的语言表达不同的心理状况

作　　者：[日]五味太郎 著
出 版 社：明天出版社
出版时间：2013 年 6 月 1 日
定　　价：29.80 元
参考年龄：1～4 岁

· 日本国际级图画书大师的心理图画书经典之作 ·
· 入选日本《妈妈选择的 128 本图画书》·

✓ 内容简介 Introduction

一条鳄鱼患了蛀牙，去看牙医：我真的不想看到他，但是我非看不可。而诊所里的牙医也在想：我真的不想看到他，但是我非看不可。鳄鱼看到牙医吓得叫出了声：啊！牙医看到鳄鱼吓得叫出了声：啊！鳄鱼看着椅子：我一定得去吗？牙医看着鳄鱼：我一定得去吗？鳄鱼坐到了椅子上：我好害怕。牙医拿起了牙钻：我好害怕。

鳄鱼对自己说：我一定要勇敢。牙医对自己说：我一定要勇敢。鳄鱼张大了嘴巴：我做好最坏的打算了。牙医把手伸进了鳄鱼的嘴巴：我做好最坏的打算了。鳄鱼被牙钻钻痛了：哎哟！牙医的手被鳄鱼的嘴咬痛了：哎哟！鳄鱼捂着嘴巴：这是一件多么可怕的事。牙医捂着手腕：这是一件多么可怕的事。鳄鱼又张大了嘴巴：不用太久……牙医又把手伸进了鳄鱼的嘴巴：不用太久……

总算是补好了，鳄鱼"唷"了一声，牙医"唷"了一声。鳄鱼给牙医行了个礼：多谢您啦！明年再见。牙医给鳄鱼还了个礼：多谢您啦！明年再见。可走出诊所的鳄鱼却在想：我明年真的不想再见到他……牙医在窗口看着鳄鱼也在想：我明年真的不想再见到他……

✓ 哈爸推荐 Recommendation

2014年的夏天，两位有意在教室里开展绘本教学的夫妻教师造访哈爸家，除了带走了中国知名绘本教师顾舟群的联系方式，还有就是这本《鳄鱼怕怕，牙医怕怕》。

这是一本幽默的心理图画书，这本书的出版社一句话概括了它的精髓：这是一本以巧妙的手法，描绘患者鳄鱼与人的牙医之间每时每刻所发生的微妙心理落差与变化的让人捧腹大笑的图画书。

几乎完全相同的鳄鱼和牙医的独白，推动着故事顺利行进，同时表达着两位主人公完全不同的心理状况，让我们不由感叹作者的独具匠心。孩子在不断强化反复的语言效果后，自然咂摸出一种不好说但很有趣的滋味，所以我在小小哈读完这本书后，会看到他一边拍着胸说着"怕怕"（这是他表达害怕的动作），一边脸上却挂着灿烂的笑容。

就是这本书，能够帮助幼儿去感觉在不同的情景下，相同的语言可以表达不同对象的不同心理状况。

《斯凯瑞金色童书》（第一辑）

五彩斑斓的世界让孩子大开眼界

作　　者：[美]斯凯瑞 著
译　　者：李晓评
出 版 社：贵州人民出版社
出版时间：2007 年 5 月 1 日
定　　价：83.20 元
参考年龄：1～4 岁

✓ 内容简介 Introduction

绘本共4册：

《轱辘轱辘转》：小猪一家出门去旅行啦，一路上他们遇到了很多好玩儿的事，还看到了许多好玩儿的车。本书汇集了航空、航海、铁路、公路等各种交通工具和工程车辆，孩子在认知这些名称的同时，也熟悉了它们的用途。真是让孩子大开眼界！还有一些并不是生活中真正的车辆，而是作者有趣的想象，比如牙刷车、南瓜车、香蕉车、面包圈车。通过小猪们的行程，还能了解到修路、救火以及农场等地方的工作。

《忙忙碌碌镇》：在忙忙碌碌镇中，温和的动物居民们过着快乐而忙碌的生活。消防员救火、坐火车旅行、修建一条新路等。书中涉及了各种各样的职业，但并非孤立地介绍各项工作的内容，而是将密切相关的工作联缀成为一个整体，比如，从收割小麦到加工面粉，再到面包的制作，整个过程是怎样有序进行的。

《会讲故事的单词书》按家庭、绘画、游戏、玩具、工具、城镇、乡村、学校、户外活动等类别，以讲故事看图画的方式，介绍了超过1200个单词。以精心设计的线索作为穿插，带领孩子进入到故事当中。

《斯凯瑞最受欢迎的故事》：在热闹、奇妙的小镇上发生了许多新鲜、有趣的故事：面包师哈布丁居然烤出了会叫"妈妈"的面包；什么都会修的万能修先生，却怎么也安不上奶瓶的奶嘴儿；心不在焉的兔先生被粘在了新修的公路上……墨菲警官、小屁孩儿、小虫、万能修先生……爱闹笑话的故事人物为孩子带来了无穷的乐趣。本书带给孩子的不仅是娱乐，更重要的是，在那些善良、友好的故事人物身上，传达出一种友爱和温情。

√ 哈爸推荐 Recommendation

在美国据说有这样一种说法：一种是读着斯凯瑞的童书长大的人，一种是没有读过斯凯瑞的书而无法很好适应社会的人。我不知道是不是有点言过其实，但这套书用随随便便的态度描述身边这个随随便便的世界，把"宁可食无肉，不可居无书"的高姿态随随便便地表达出来，我觉得挺好。

要提示一下的是，这四本书是可以分册购买的。如果非要单册购买的话，那就选《轱辘轱辘转》和《忙忙碌碌镇》吧。

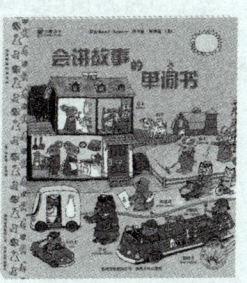

《德国精选科学图画书》

童心和科学结合得真好

作　　者：[德] 鲁斯曼·安娜
出 版 社：北京科学技术出版社
出版时间：2011 年 6 月 1 日
定　　价：49.60 元
参考年龄：2~5 岁

·畅销德国 20 年的有趣绘本·

✓ 内容简介 Introduction

《德国精选科学图画书》共 2 册：

《牙齿大街的新鲜事》：哈克和迪克是两个野心勃勃的危险分子——他们在牙齿上挖洞建房，不仅要修建自己的舒适小窝，还梦想着修建可以出租的豪华公寓……就在他们的梦想快要实现的时候，一把大刷子带着很多警察出现在牙齿大街上。哈克和迪克贮藏的粮食几乎被一扫而空。更可怕的是，一个巨大的钩子从天而降，伸向了哈克和迪克的家……

《肚子里有个火车站》：茱莉娅吃得太多、太快，所以她的肚子里出事了！

饭菜一大块一大块地掉进肚子火车站里，堆得像小山一样高。这可害惨了肚子里的小精灵们，他们冒着被砸晕的危险拼命干活，想把这些食物统统装上火车，送到弯弯曲曲的隧道里去。可是没想到，还有更大的暴风雪在等着他们；因为茱莉娅又在吃冰淇淋了。小精灵们终于被激怒了，他们游行示威、罢工抗议……

√ 哈爸推荐 Recommendation

牙齿可以是一条大街，肚子里有个火车站，还有哪个妈妈能把童心和科学结合得更好？难有了吧。

这本独具创意的图画书，带领读者参观肚子火车站，用一种极其有趣的方式使我们了解自己的消化系统，以两个驻虫为主角讲述了牙齿是怎样被驻空的，让小朋友乖乖刷牙，细嚼慢咽，不乱吃零食暴饮暴食，而且，对冰淇淋巧克力有了说"不"的果断。但是，这样能坚持多久，我就不知道了。

此外，读过这本书后，你和孩子之间，一定又会多一些你们自己知道的诸如"牙齿公寓""肚子火车站"之类的"专门术语"。

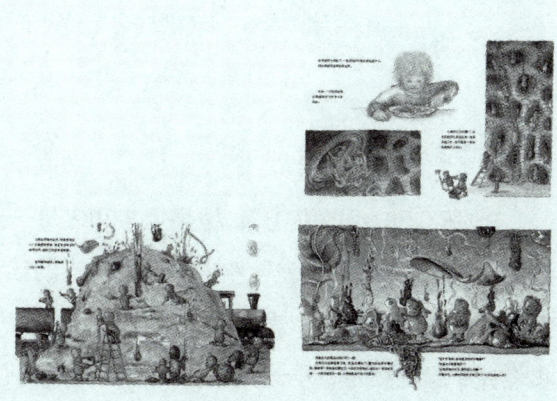

《时钟的书》

就这样轻松教会孩子看时钟

作　　者：[日]松井纪子
译　　者：金海英
出 版 社：北京科学技术出版社
出版时间：2012 年 4 月 1 日
定　　价：56.00 元
参考年龄：2～6 岁

· 被誉为"第一本轻松教会宝宝看时钟的学习绘本" ·

✓ 内容简介 Introduction

全2册，《时钟的书①》，橡果宝宝和表针一边快乐地玩耍，一边在问一个问题"现在几点了"。表针教宝宝学会几点的读法，然后橡果宝宝回家。光宝宝和表针快乐地玩耍，表针教宝宝几点半的读法。《时钟的书②》是小幽灵来和表针一起玩耍了，小幽灵也在问"快告诉我们现在几点了"。抽象的时间单位用视觉上很容易明白的卡片来表示，让宝宝很容易地学会钟表几点几分的读法。

✓ 哈爸推荐 Recommendation

有很多人问过我一个同样的问题："哈爸，孩子磨蹭怎么办？"我就会想到一首《妈妈之歌》："起床！起床！快去洗脸，快去刷牙……"这是美国喜剧女演员安妮塔·兰弗洛创作的，她是3个孩子的母亲，整首歌只听到一位母亲急切的、不容置疑的催促声："快点啊，快点啊，不然就来不及了！"

现在的生活节奏无疑是越来越快了，曾经，父母叮嘱孩子"慢慢走，小心跌跤""慢慢吃，小心噎着"，现在孩子听到最多的是"快点吃饭""快点做作业""快点弹琴""快点睡觉"，甚至"快点玩"。

遇到这个问题，我就会推荐两个绘本，一是《别说你快点快点》，一是《时钟的书》。虽然都是绘本，但我觉得前者比较抽象，是给父母看的，让父母知道对孩子说"快点快点"孩子就会感受到"我会紧张"，"也会害怕"，"我难过极了"。让父母尊重孩子的磨蹭，尊重孩子的节奏，也能够学龙应台说："孩子，你慢慢来。"

但我们也要让孩子尊重融入大人的节奏，而不是一味迁就孩子，要让孩子有时间观念，而《时钟的书》无疑是很好的选择。可能这本书大人觉得没什么好，但孩子会觉得很可爱，很喜欢，孩子有一种代入感，把绘本里的橡果宝宝、光宝宝、小幽灵当成自己，和表针一起玩耍，潜移默化中就有时间观念了。

父母若是愿意，可以和孩子一起用笔在手腕上画"手表"，这个游戏我想很多80后在童年时都玩过，现在和孩子再玩一次吧。

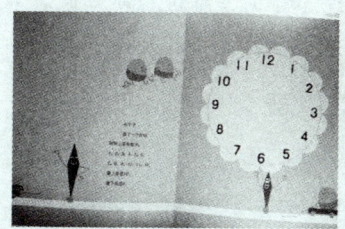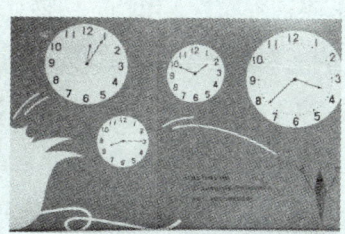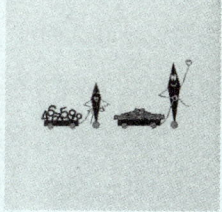

《第一次发现丛书》

给孩子发现神奇的世界一个窗口

作　　者：法国伽利玛少儿出版社 编
出 版 社：接力出版社
出版时间：2009 年 8 月 1 日
定　　价：579.60 元
参考年龄：2～6 岁

· 法国国宝级儿童科普经典；法国国家当代艺术基金会少年图书奖、法国古登堡少年图书奖、意大利坡隆纳世界儿童书展特别荣誉奖、德国少年图书奖等多项国际大奖；自 1989 年至今，被翻译成 28 种语言在全世界发行 ·

✓ 内容简介 Introduction

"透视眼"系列42本内容涵盖了植物、动物、技术、天文地理、认知概念5个知识领域，为孩子自主发现这个神奇的世界提供了一个良好的窗口。

概念类6本：《形状》《数字》《时间》《对比》《四季》《颜色》。

技术类6本：《工具箱》《火车》《车》《船》《消防车》《飞机》。

动物类17本：《七星瓢虫》《恐龙》《蝴蝶》《鹦鹉》《老虎》《狮子》《熊猫》《河边的动物》《丛林里的动物》《不同地方的动物》《有壳的动物》《濒临危机的动物》《海边的动物》《地下的动物》《会隐藏的动物》《蛋的秘密》《藏在家里的

动物》。

植物类6本:《美味的蔬菜》《好吃的水果》《好看的花儿》《甜甜的糖》《有趣的蘑菇》《奇妙的植物》。

天文地理类7本:《天空和地面》《地形和地貌》《月球》《地球》《火山》《沙漠》《光线》。

比如,《蛋的秘密》,前一页是一只完整的母鸡（胶片）,后一页是隐去母鸡肚子上的一部分毛,画上鸡蛋和肠子,翻过那页胶片真的有那种打开鸡肚子的感觉。孩子不可能接触到的事,用绘本去感受也是不错的选择。

√ 哈爸推荐 Recommendation

花了这么大篇幅来简介这套书,就知道它为什么好、为什么这么贵了,多说便是废话。

再提供点信息,该丛书中文简体版还出版了"手电筒系列"（20种）、"放大镜系列"（10种）、"双语科普胶片书"（10种）、"儿童科普启蒙胶片书"（地板书5种）等。

《是谁嗯嗯在我的头上》

这么好玩的书

作　　者：[德]霍尔茨瓦特　文
　　　　　[德]埃布鲁赫　图
译　　者：方素珍
出 版 社：河北教育出版社
出版时间：2007 年 4 月 1 日
定　　价：29.80 元
参考年龄：2～6 岁

· 荣获 2006 年国际安徒生大奖 ·

✓ 内容简介 Introduction

　　有一天，小鼹鼠从地下伸出头来，开心地迎着阳光说："哇，天气真好。"

　　这时候，事情发生了！（一条长长的，好像香肠似的"嗯嗯"掉下来，糟糕的是，它正好掉在小鼹鼠的头上。）

　　小鼹鼠气得大叫："搞什么嘛！是谁嗯嗯在我头上？"（有一个影子闪过去，但是小鼹鼠的视力不好，看不清楚到底是谁。）

　　一只鸽子飞过来，小鼹鼠问她：是不是你嗯嗯在我头上？

　　"不是我！我的嗯嗯是这样的。"（鸽子说完，一团又白又湿的嗯嗯，就掉在小鼹鼠脚边了！）

小鼹鼠只好跑去问牧场上吃草的马先生："是不是你嗯嗯在我的头上？"

"不是我！我的嗯嗯是这样的。"（马先生的屁股一扭，一坨又大又圆的嗯嗯，像马铃薯一样，咚咚咚……掉下来，小鼹鼠失望地走开了！）

小鼹鼠还问了野兔，山羊，奶牛，猪先生……都不是。然后小鼹鼠又看见两个小家伙。"是不是你们……"他一面说一面走近他们，原来是两只又肥又大的苍蝇。

小鼹鼠想："啊哈！我知道谁可以帮助我了。"

他兴奋地问苍蝇："到底是谁嗯嗯在我的头上？"

苍蝇说："你乖乖坐好，我们试试看就知道了！"

苍蝇戳了一下他头上的嗯嗯，立刻说："哈！太简单了，这是一坨狗大便！"小鼹鼠终于知道是谁嗯嗯在他头上了！好哇！原来是这只大狗！大狗正在打瞌睡，小鼹鼠爬到他的屋顶上。

（"噗哧"一声，一粒小小的，黑黑的嗯嗯掉下来了，正好掉在大狗的头上。）

然后，小鼹鼠就钻回地底下去了！

✓ 哈爸推荐 Recommendation

光看书名，就让人又好奇又好笑，而封面这只四处奔走的小鼹鼠头顶上的那坨便便，实在没法不引起小朋友的兴趣。

一个被成人世界隐讳的话题，一个让所有的孩子感到过瘾并增长知识的故事。随着小鼹鼠顶着"嗯嗯"到处破案的足迹，孩子们会了解到鸽子、老马、野兔、山羊、乳牛等动物"便便"原来是这样的！本来关于大小便的事是很难以启齿的，但是，这本书不仅不会让孩子觉得尴尬，反而会让他们兴奋爆笑！

能够把"嗯嗯"这件事写得这么有趣，还把冲突巧妙柔和自然地穿插其中，真让人佩服作者的童心和能力——用孩子的话讲正经的事情。如果我们都能以这种方式与孩子沟通，教育孩子将会变成一件多么容易而愉快的事情。

聪明智慧地编织世界

《阶梯数学》

从生活中学数学

作　　者：[韩]朱慧兰　著
译　　者：王宁
出 版 社：北京科学技术出版社
出版时间：2006年10月1日
定　　价：70.00元
参考年龄：2～6岁

· 当当网6年热销260万册，好评过万，千万妈妈首选幼儿数学书 ·

✓ 内容简介 Introduction

《阶梯数学》由儿童数学和教育学专家根据儿童的智能发展特征编写，包括2～6岁共5个年龄阶段的学习内容，可以系统地、一阶一阶地训练儿童的数学思维能力。有趣的游戏或简单的学习活动，让孩子用数学的观点观察周围的环境并表现出来，激发了孩子对数学的兴趣。

每一部分都为家长准备了说明文字，对于家长在家指导孩子学习有很大的帮助。

√ 哈爸推荐 Recommendation

不要再用勾着手指,或者用虚拟的苹果、梨来教孩子学数学了!低效,无趣,毫无教育智慧可言。生活中有这么多数学,爬楼梯、读车牌号、打球计数……一定要找一本"教材"的话,那就用这套吧,至少它是玩着学的教材,也是让孩子对着数字还很高兴的教材。

小心保护孩子的数学兴趣,不要人为地泯灭了,还怪孩子不是读理科的料。

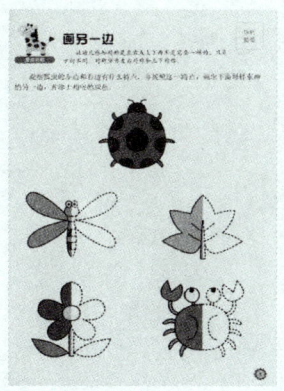 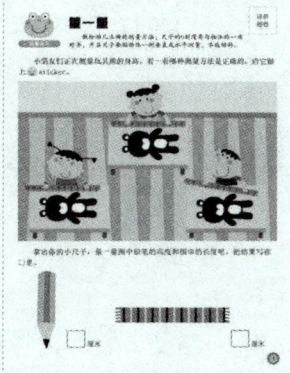 

《神奇校车·图画书版》

热闹而好玩的"十万个为什么"

作　　者：[美]乔安娜·柯尔　著
　　　　　[美]布鲁斯·迪根　图
出 版 社：贵州人民出版社
出版时间：2011年1月1日
定　　价：132.00元
参考年龄：3～7岁

· 美国 Scholastic 学子出版社金牌畅销系列 ·

✓ 内容简介 Introduction

《神奇校车》是一套将奇特想象和抽象的科学知识完美融合的科普绘本,在一次次不可思议的神奇之旅中,孩子们体验原理、学会操作、懂得思考。

系列共11册,包括《水的故事》《地球内部探秘》《在人体中游览》《迷失太阳系》《海底探险》《追寻恐龙》《穿越飓风》《奇妙的蜂巢》《漫游电世界》《探访感觉器官》《气候大挑战》。

✓ 哈爸推荐 Recommendation

"哈爸微店"组织团购过这套绘本，销量极好，可见受欢迎程度。这套书情节惊险刺激，语言生动爆笑，对话童稚可爱，知识却清晰严谨，展示了一种新奇的、迷人的、另类的自然科学教育方式。

孩子的脑袋瓜子里装着十万个为什么，为什么我是女生，隔壁弟弟是男生？为什么会下雨？为什么白天要出太阳，晚上月亮会出来？……大人解释不了，不如给孩子这套热闹而好玩的"十万个为什么"吧。

《海底的秘密》

于无字之处看时间和空间

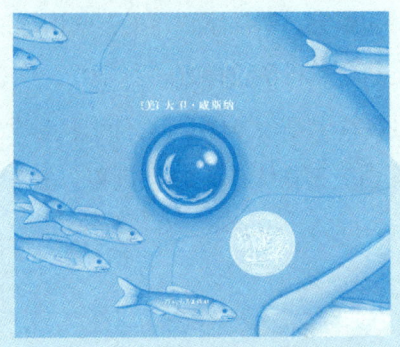

作　　者：[美]威斯纳　著
　　　　　[美]威斯纳　绘
出 版 社：河北教育出版社
出版时间：2008年12月1日
定　　价：32.80元
参考年龄：3～7岁

· 2007年获得凯迪克金奖 ·

✓ 内容简介 Introduction

在一个普通的日子里，男孩在沙滩上拾到一架被海浪冲上岸的照相机。他将相机中的底片拿去冲洗后，看到了许多令人难以置信的相片，有在海龟背上的城市、会移动的海星岛屿、坐在沙发上看书的章鱼等等。甚至透过其中一张照片，还可以看到每一张过去曾经发现相机、并拍下自己影像的所有小孩。而这个惊人的发现，让小男孩也同样地拍下自拍照，然后把相机还给大海，让相机继续它的旅程。相机由乌贼、鲸鱼和海马带到海底继续拍照，又由鹈鹕、海豚带到海面，它到过火山岛屿、日本和南极……最后又被海水冲上了一处海滩，故事的结尾是一个小女孩正准备拿起它。

√ **哈爸推荐** Recommendation

现实世界与超现实世界不同时空的画面景象，于无字之处看时间与空间。

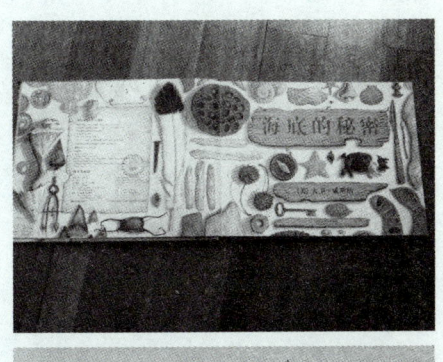

《我会保护眼睛》

一本关注眼睛的最科学、最有趣的书

作　　者：[日]加古里子　编著
译　　者：金海英　编译
出 版 社：北京科学技术出版社
出版时间：2010年1月1日
定　　价：12.00元
参考年龄：3～7岁

· 日本科学读物奖得主加古里子作品 ·

∨ 内容简介 Introduction

你知道自己的眼睛是什么样子的吗？你了解眼睛里面的结构吗？我们的眼睛为什么能看到东西？为什么每个人都要长两只眼睛，而不是一只？我们的眼睛很容易受伤，所以我们一定要注意保护它们。我们还要正确使用眼睛，避免眼睛疲劳，这样它们才能使用很长时间！

哈爸推荐 Recommendation

若不是我婶婶打来的长途电话，我恐怕不会主动关注孩子的眼睛问题，进而推荐这本《我会保护眼睛》。早在2007年就有调查显示中国青少年近视发病率高达50%~60%，我想，随着这几年电视、电脑、手机等电子产品及互联网高速发展，近视发病率肯定居高不下。

其实我应该更早就关注到眼睛这个话题。我做微信公众号"经典绘本"，从一开始分享绘本做成的动画，到分享电子图文绘本，后来只分享音频绘本。之所以有这样的变化，是因为不少爸爸妈妈对我说，他们不愿意孩子过早接触屏幕，怕伤眼睛。我的做法也就是被动地分享音频绘本，让孩子听，而不是看屏幕，却没有想到推荐有关保护眼睛的绘本，直到我婶婶给我打电话。

我婶婶是一个专业眼科医生，开了几家专门针对孩子的眼保健中心。她希望我能把有关如何预防、保护、矫正、治疗眼睛的专业知识用生动的图文（也就是绘本）的形式呈现出来，以便让大众有保护眼睛的意识。我听后非常激动，觉得她所想的是一件功德无量的事。但我没有能力创作绘本，就找到了加古里子的《我会保护眼睛》。

加古里子有"绘本届的达·芬奇"之称，是日本科学绘本的先驱。他与日本绘本之父松居直都是在1926年出生，原本是一个工学博士，后来受到松居直（他的《幸福的种子》一书被称为"图画书入门的必读书，启迪亲子阅读的圣经"）的鼓励开始创作绘本。他在创作上有一个信条："孩子是怎么看的？"对他来说，一个绘本好不好，孩子喜欢是第一位的。

这也是我写这本书单的出发点。我所谓的"接地气"，就是孩子是否喜欢，其次才是是否有益处，要寓教于乐，而不是硬邦邦地借着绘本说教。

老实说，《我会保护眼睛》还不是特别接地气，但还是推荐，因为目前关注眼睛的绘本少之又少，而它是其中最有趣，最科学的。希望有更好的保护眼睛的绘本面市！

《小小牛顿幼儿馆》（第一辑）

我是小小牛顿

作　　者：台湾牛顿出版公司
出 版 社：贵州教育出版社
出版时间：2014 年 1 月 12 日
定　　价：120.00 元
参考年龄：3 ~ 7 岁

·荣获 26 项儿童优秀读物出版奖·
·并荣获台湾最高出版奖——金鼎奖·
·台湾新闻局推荐优良儿童读物·

√ 内容简介 Introduction

《小小牛顿幼儿馆》第一辑共6册。每辑《小小牛顿幼儿馆》皆由六本主题书、六本智慧游戏本、一张CD和一本亲子手册构成。其中的理念是"幼儿生活中的科学"，此"科学"乃广义之科学，不只涵盖生物、理化、数学、天文等知识，而是融合了科学态度与情操的培养，即逻辑思考、好奇求知、勇于解决问题等能力。

为了兼顾各年龄层，文字有大小、深浅之分，图画也有大小的差别，但是彼此间会有自然的连贯。幼儿是从图像中学习到文字的具体意义，而并非借由抽象的汉语拼音字母。因此，作者有意地没有强调汉语拼音和认字，而是在潜移默化中影响孩子，引导孩子学习。

√ 哈爸推荐 Recommendation

《小小牛顿》是继《小牛顿》之后，台湾牛顿公司创办的又一科普品牌。《小牛顿》适合小学生阅读，《小小牛顿》适合学龄前儿童。

《小小牛顿》附有音频，年纪较小的孩子，可先从"听"开始，再慢慢配合书本阅读；每个孩子的阅读习惯不同，爸妈不必在意孩子是否只对书或音频有兴趣。至于说，这套书可以让孩子独立阅读，我持一定的保留意见，因为我并不认为"独立阅读=让孩子一个人读"。

取材广泛，深入浅出，就是我推荐的原因。

《妈妈，买绿豆》

不只是科普绿豆知识

作　者：曾阳晴　著
　　　　万华国　绘
出 版 社：明天出版社
出版时间：2010 年 11 月 1 日
定　价：28.80 元
参考年龄：3～7 岁

· 第一届"信谊幼儿文学奖"佳作 ·
· 入选台湾"教育部"101 阅读专案 ·

✓ 内容简介 Introduction

　　阿宝和妈妈上街，阿宝专注于绿豆。先是要求妈妈买绿豆，然后回家急着要煮绿豆汤，发现浸泡的绿豆已经变大了，一边吃饭还一边注意着锅子里的绿豆滚了，把糖罐拿给妈妈加糖，然后又忍不住搬了张小凳子垫脚，就想赶快能喝到绿豆汤。剩下的绿豆汤用来和妈妈一起做绿豆冰棒，然后在炎炎夏日的午后，一起吃下又甜又冰的绿豆冰棒。但当阿宝发现掉落的一颗绿豆时，妈妈的动作、眼神都已经被阿宝感染了，拿来种出小豆芽。

∨ 哈爸推荐 Recommendation

如果有人问绘本的魅力在哪里，我应该会推荐他看看《妈妈，买绿豆》。简单到不能再简单的陈述，孩子的天真和对绿豆的热情与专注，妈妈简单居家生活的生气勃勃，就是会莫名其妙打动无数孩子的心，打动妈妈们的心。不服不行。

路边摊、杂货店、阿宝妈妈在厨房做菜、母子俩在凉风习习的门口喝绿豆沙、在冰格里插上牙签做绿豆冰。如果非要我对这本绘本做点儿点评，无论是说它画风如何着色如何，还是说它寓绿豆科普于乐如何，我都觉得不中要害，这些都不是这个绘本最核心的价值。它的动人之处，就在于穿着围裙，弯着腰笑眯眯和阿宝说话的妈妈，和那"吸溜儿"喝绿豆汤的阿宝之间，那熨斗熨过般妥帖的、温暖的爱。

谁能否认，妈妈摘菜，宝宝在旁边专注剥蒜的母子画面不是一副极好的绘本画？

阿宝喜欢和妈妈去买菜。

他每一次都说："妈妈，买绿豆。"

"妈妈，快点！煮糖走。"

《七只瞎老鼠》

常识、艺术和哲理都有了

作　　者：[美]杨志成　文/图
译　　者：王林
出 版 社：河北教育出版社
出版时间：2008 年 5 月 1 日
定　　价：32.80 元
参考年龄：4～10 岁

· 1998 年凯迪克金奖 ·

✓ 内容简介 Introduction

改写自印度民间故事——盲人摸象。故事讲述七只瞎老鼠在池塘边遇到一个怪东西，谁也不知道那是什么，于是每一天，不同的老鼠轮流去"观察"，并回来报告同伴他们的发现，但是每一次的答案都不叫人满意。最后一天，轮到白老鼠去了，他从怪东西的上下左右全跑了一遍，最后才下了一个结论，这个怪东西是……

✓ 哈爸推荐 Recommendation

　　纯黑的底色，红、绿、黄、紫、橙、蓝、白七种颜色的七只老鼠；圆柱子、蛇、长矛、峭壁、扇子和绳子各种形状；一条蛇、一根绳子、一把扇子、一支矛、一座峭壁的计量单位，星期一到星期天的时间概念。常识有了。

　　一只老鼠跑到右页去调查的时候，左页等待的老鼠，一定叠成一摞，充满期待地看着右页。当调查者回来报告的时候，一定是调查过的老鼠凑一堆儿，还没有去调查的老鼠凑另一堆儿。舞台的艺术感有了。

　　紫色的老鼠所想的峭壁是紫色的，橙色的老鼠所想的扇子是橙色的，绿色的老鼠想象的蛇，当然是绿的。最后去调查的白老鼠，整体都摸过了，才知道那个东西的全貌，就像各种颜色的光，混合起来变成自然的本来颜色一样。哲理也有了。

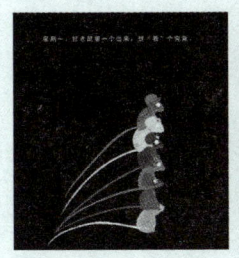 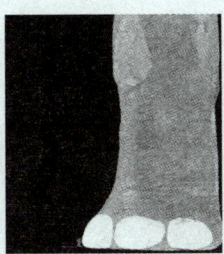 

《都是放屁惹的祸》

带着孩子低碳生活吧

作 者：[法] 桑德里娜·迪马·罗依　文
　　　　　[法] 埃马努埃利·乌赛　图
译 者：谢维玲
出 版 社：北京联合出版公司
出版时间：2012 年 9 月 1 日
定 价：32.80 元
参考年龄：4～10 岁

✓ 内容简介 Introduction

　　由于地球变暖给动物的生存带来了困难，于是动物界召开了一次国际会议，动物们商讨并满世界打探原因，后来得出结论，是因为牛的屁扰乱了大气层和气候变化。

　　于是动物们又聚集讨论，有的建议把牛消灭，但食肉动物反对，有的建议牛少吃草或切掉一两个胃减少放屁，有的建议牛改变饮食习惯或遗传基因，但没一个可行，因为牛在印度是圣兽、在欧洲不能放弃美味的食物、在美国专门有牛仔驯牛。

牛自己也想了很多方法，但最后讨论的结果是，牛还得继续放屁，这样就可以利用牛屁造冰阻止地球变暖，这成了唯一的方法。而故事是以人类的口气结尾的："不过，这实在太花时间了，冰恐怕已经全部融化了，所以，现在该是我们采取补救行动的时候了！我们一定能阻止地球被洪水淹没！"

✓ 哈爸推荐 Recommendation

毫无疑问，这本书有一个小朋友一听就感兴趣的书名，虽然绘本里的图画不是那么精美。但孩子看到书名就笑了。

很是钦佩作者把环保题材讲得如此生动，这么深入浅出。以虚拟的动物角色来探讨真实的环境状况，以好玩有趣的故事来谈严肃而不有趣的议题，可以说这是带领孩子认识全球变暖的绝佳绘本。

这本书还有导读手册，如果是低龄小朋友讲到这再说说如何低碳生活就行了。但稍大的孩子就可给他们用导读手册拓展一下了。

这个导读手册比绘本本身信息量大，其中科普作家的文章中提及了联合国粮农组织发表的一则名为《长长的阴影——畜牧业的环境问题及选择》的报告。报告中揭示了反刍的原理，并用一些详实的数字对比了家畜和人类工业制造的二氧化碳。

然而最后的反思还是把全球变暖的原因归结到人类自身，如果不是人们把牛羊驯化成了造肉机、产奶机、制毛机，世界上本没有这么多牛羊，也不会有这么多牧场，更不会有大片的原始森林被砍伐，当然也没有这天大的"屁事"。

《小黑鱼》

领略奇幻的海底世界

作　　者：[美] 李欧·李奥尼 文/图
出 版 社：南海出版社
出版时间：2010 年 1 月 1 日
定　　价：29.80 元
参考年龄：4 ~ 10 岁

· 1964 年美国凯迪克大奖，《纽约时报》年度最佳绘本 ·
· 美国图书馆协会年度好书，德国绘本大奖 ·

✓ 内容简介 Introduction

在大海的一个角落里住着一群小鱼，大家都是红色的，只有一条是黑色的。有一天，一只凶猛的金枪鱼吃掉了所有的小红鱼，只有小黑鱼逃走了。他孤身一人在海里游荡，遇到了很多稀奇古怪的生命，又高兴起来。小黑鱼又遇到了一群躲在礁石后的小红鱼，为了生存，不再躲避，他想了个好办法，教他们游成大鱼的样子，而自己来当眼睛！在小黑鱼有序的指挥下，一条巨大的"怪鱼"诞生了。

"它"所向披靡，遇到"它"的大鱼都闻风丧胆，让其他的小鱼借助他的"眼睛"，走出了黑暗的世界。就这样，他们在清凉的早晨游，在明媚的中午游。

✓ 哈爸推荐 Recommendation

读《小黑鱼》时，当比较小的孩子看到大鱼吃小鱼，以及小黑鱼自己在海里遇到各种各样的怪物的时候，应该会有点害怕，大人就抱着孩子一起读吧，读了，孩子或许就能看到小黑鱼的勇气和智慧。

小黑鱼遇到大鱼来袭时，做出的选择是逃跑。大难临头之际，逃跑也是一种选择。正如小孩子看到这里会缩进爸爸妈妈的怀抱，岂不也是一种"逃"。

然而小黑鱼并没有因此而躲起来，它独自在大海中冒险，美轮美奂的海底风光、惊险异常的与怪鱼同行、千奇百怪的动物植物，从小黑鱼的视角让孩子认识了不一样的海底世界。

小黑鱼不仅邀请读者一起在大海冒险，也说服了一群躲在礁石、珊瑚后面，胆怯的小红鱼摆脱内心的恐惧游出狭小的空间。小黑鱼用智慧赢得了他们的信任，在小黑鱼有序的指挥下，一条巨大的"怪鱼"诞生了，"它"所向披靡，遇到"它"的大鱼都闻风丧胆，让其他的小鱼借助他的"眼睛"，走出了黑暗的世界。

李欧·李奥尼借着一条小鱼就让我们领略了奇幻的海底。在视觉的盛宴里让孩子学会独立，学会勇敢，更让孩子懂得：面临困难，不能躲避，不能退缩，而要用自己的聪明才智，与他人合作，团结一致，自由前行。

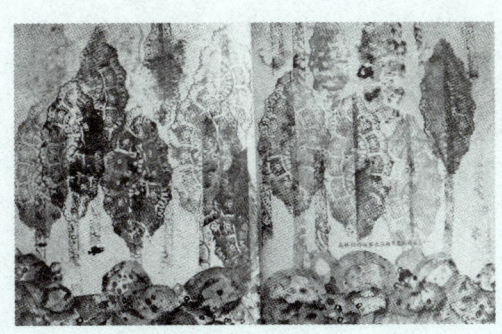